Konzeptionsentwicklung für den Ganztag

Profil schärfen und Qualität definieren

Qualität in Ganztag, Hort und Schulkindbetreuung
Herausgegeben von Dr. Manja Plehn

KONZEPTIONSENTWICKLUNG FÜR DEN GANZTAG

Ulrike Glöckner

Konzeptionsentwicklung für den Ganztag

Profil schärfen und Qualität definieren

HERDER

FREIBURG · BASEL · WIEN

MIX
Papier | Fördert gute Waldnutzung
FSC® C010798

www.herder.de

Gesamtgestaltung und Satz: Sabine Ufer, Leipzig
Annett Jana Berndt, Radebeul

Herstellung: Graspo CZ, Zlín
Printed in the Czech Republic

ISBN (Print) 978-3-451-39441-6
ISBN (PDF) 978-3-451-82892-8
ISBN (EPUB) 978-3-451-82891-1

Inhalt

Einleitung ... 7

1. Auf einen Blick: Grundlagen der Konzeptionsentwicklung ... 9
1.1 Was ist eine Konzeption? ... 9
1.2 Warum ist eine Konzeption notwendig? ... 10
1.3 Aufbau einer Konzeption – mögliche Inhalte & Struktur ... 12
1.4 Vorgehensweise bei der Entwicklung der Konzeption ... 14
1.5 Zeitschiene und Arbeitsverteilung ... 16
1.6 Textformulierung und Layout ... 17
1.7 Rolle der Leitung ... 18
1.8 Geeignete Methoden zur Erarbeitung ... 20

2. Konzeptionsbaustein I: Die Rahmenbedingungen ... 27
2.1 Das „Eiserne Dreieck der Strukturqualität" ... 28
2.2 Räume/Grundriss des Hauses ... 30
2.3 Gesetzliche Grundlagen ... 31

3. Konzeptionsbaustein II: Pädagogische Grundannahmen ... 43
3.1 Leitbild – das Bild vom Kind ... 44
3.2 Professionelle Haltung – Was ist das? ... 50
3.3 Bildungs- und Erziehungsbegriff ... 54
3.4 Erziehungsziele ... 57
3.5 Partizipation ... 60
3.6 Inklusion ... 63
3.7 Schutz des Kindes vor Gefährdung ... 66
3.8 Resilienz ... 71

4. Konzeptionsbaustein III: Methodische und didaktische Umsetzung 74
4.1 Freispiel ... 74
4.2 Räume ... 77
4.3 Essen im Ganztag ... 81
4.4 Hausaufgaben oder individuelle Lernzeit ... 84
4.5 Tagesablauf und Übergänge ... 88
4.6 Kinderkonferenz ... 91
4.7 Beschwerdemanagement ... 92
4.8 Angebote und Projekte ... 95

5. Konzeptionsbaustein IV: Kooperation mit verschiedenen Partnern 98
5.1 Zusammenarbeit im Team/in multiprofessionellen Teams 99
5.2 Kooperation Schule/Kinder- und Jugendhilfe 102
5.3 Kooperation mit Eltern und Familien 108
5.4 Zusammenarbeit mit außerschulischen Partner:innen 110
5.5 Kooperation mit dem Träger 111
5.6 Öffentlichkeitsarbeit 112

6. Konzeptionsbaustein V: Qualitätsmanagement 114

7. Evaluation und Weiterentwicklung der Konzeption 119

Literatur 124

Einleitung

Die Vorbereitungen laufen: Der Rechtsanspruch auf ganztägige Bildungs- und Betreuungsangebote für Kinder im Grundschulter wird ab dem Jahr 2026 umgesetzt. Bisher fehlt jedoch ein einheitliches Verständnis darüber, was einen guten Ganztag ausmacht. Umso drängender die Aufgabe, bestehende Konzepte zu überprüfen, zu entwickeln und in einen Prozess zu starten, an dessen Ende eine Konzeption für die eigene Einrichtung steht.

Dieses Buch enthält konkrete Ideen und Impulse, wie alle Menschen, die mit dem Thema Ganztag konfrontiert sind, sich auf den Weg begeben können, um gemeinsam eine Konzeption für einen gelingenden Ganztag zu entwickeln. Und mit „allen Menschen" meine ich nicht nur die Verantwortlichen in Schule, Hort oder Schulkindbetreuung, sondern gleichermaßen die Kinder und Jugendlichen.

> Es ist an der Zeit, alle Betroffenen an einen Tisch zu bitten, um bereits bestehende wirksame Konzepte anzuschauen und darauf aufbauend für den Standort eine pädagogische Konzeption zu entwickeln. Denn „guter Ganztag" heißt, alle Angebote zusammenzudenken und den Ganztag als Einheit zu gestalten.

Wie kann der Ganztag zu einem Lern- und Lebensort werden? Dieser Ort soll für die Kinder und alle Akteur:innen im Ganztag attraktiv sein und sich im besten Fall an den Bedürfnissen aller orientieren. Durch den Wandel der Gesellschaft und die sich ständig verändernden Herausforderungen, mit denen sich Menschen konfrontiert sehen, braucht es pädagogische Antworten, die den Bedürfnissen von Kindern und Familien entsprechen.

Das heißt, den Ganztag neu zu denken, die Kompetenzen der verschiedenen Institutionen und Akteur:innen zu nutzen, formale und non-formale Bildung komplementär zu gestalten (vgl. Plehn 2023b): weg von tradierten Strukturen und hin zu bedürfnisorientiertem Arbeiten, wenn Kinder und Pädagog:innen bis zu acht Stunden oder sogar darüber hinaus sich in diesen Institutionen aufhalten.

Mit dem Ganztag erfolgt ein chancengerechtes und familienfreundliches Bildungs- und Betreuungsangebot, das Teilhabe fördert.

Ganztag kann unterschiedlich aussehen: Schule und Hort, Schule und Schulkindbetreuung, Schule und externe Partner:innen, Ganztagsschule gebunden, teilweise gebunden oder offen. Um die Qualität des Ganztags zu entwickeln, ist es sinnvoll, eine pädagogische Konzeption zu entwickeln. Der Hort muss es sogar, damit eine Betriebserlaubnis erteilt wird.

Durch die Konzeptionsentwicklung für den Ganztag gelingt eine notwendige Profilierung dieses Tätigkeitsfeldes. Mit allen Akteur:innen werden Ziele erarbeitet, ein Leitbild definiert und damit Identifikation hergestellt. Dieser gemeinsame Prozess ermöglicht allen Beteiligten eine fachliche Auseinandersetzung zum Wohl des Kindes und schafft die Basis, eine pädagogisch fundierte, facettenreiche Bildungsbegleitung zu gestalten – die vielleicht eine Herausforderung bedeutet für Konventionen des bestehenden Bildungssystems.

Je nachdem, in welchem Format Ihr Ganztag gelebt wird oder Sie ihn neu leben möchten, empfiehlt es sich, das Buch von Anfang bis Ende durchzuarbeiten.

Zum Einstig ins Thema erhalten Sie einen kurzen, prägnanten Überblick über die zentralen Aspekte und Grundlagen der Konzeptionsentwicklung. Hier werden auch Fragen zum „Wie entwickeln" beantwortet: Sie finden hilfreiche Methoden, die Sie im Entwicklungsprozess einsetzen können. Die Rolle der Leitungen im Ganztag wird besonders betont.

Der folgende Konzeptionsbaustein I befasst sich mit den Rahmenbedingungen (Strukturqualität) des Ganztags wie Betreuungszeiten, Format, Personal etc. Der Konzeptionsbaustein II stellt die pädagogischen Grundannahmen (Orientierungsqualität) vor; als weitere Bausteine folgen die methodisch-didaktische Umsetzung (Konzeptionsbaustein III, Prozessqualität), die Kooperation mit verschiedenen Partner:innen (Konzeptionsbaustein IV) und schließlich im Konzeptionsbaustein V das Qualitätsmanagement.

Jeder Baustein beinhaltet einen
- kurzen fachlichen Input, der in das jeweilige Thema einführt,
- sowie eine Beschreibung der Methode, die zur Erarbeitung gewählt werden kann.

Grundlegende Informationen, wie Sie ihre Konzeption anschließend evaluieren und weiterentwickeln können, bilden den Abschluss des Bandes.

Ich wünsche Ihnen viel Erfolg und Freude beim Entwickeln Ihrer Ganztagskonzeption.

Ulrike Glöckner

1. Auf einen Blick: Grundlagen der Konzeptionsentwicklung

Das Vorhaben, gemeinsam eine Konzeption für den Ganztag zu entwickeln, ist der erste Schritt. Gemeinsam bedeutet, dass alle Akteur:innen, die für den Ganztag verantwortlich sind, diese Aufgabe meistern wollen.

Die folgenden Inhalte dienen dazu, zu klären, wozu diese Konzeption nützlich ist und welche Inhalte sie haben soll. Die Darstellung einer möglichen Gliederung hilft Ihnen, den für das vorhandene Format des Ganztags passenden Konzeptionsaufbau zu finden. Bevor die Akteur:innen in die Entwicklung einsteigen, gibt es vorab einiges zu klären und vorzubereiten. Die vorgestellten Methoden zur Erarbeitung sollen Sie inspirieren, den für Ihr Konzeptionsteam passenden Weg einzuschlagen.

1.1 Was ist eine Konzeption?

Definition

Grundsätzlich ist eine **Konzeption** „... die verschriftlichte Arbeitsgrundlage des Trägers und der Mitarbeiter*innen einer Einrichtung (...) und verbindliche Grundlage für das Handeln der einzelnen Fachkräfte. Sie ist darüber hinaus ein wichtiges Instrument, das Profil einer Einrichtung nach außen zu vermitteln und die Arbeit für Eltern und Kooperationspartner transparent zu machen" (Orientierungshilfe zur Erstellung einer pädagogischen Konzeption für Kindertageseinrichtungen des KVJS Baden-Württemberg, Mai 2015).

Für Kindertageseinrichtungen, deshalb auch für Horte, sind Konzeptionen für eine Betriebserlaubnis verpflichtend. Für den Ganztag ist es nicht verpflichtend, sondern dringend notwendig, um sich von tradierten Vorstellungen für die Kooperation Schule und der Kinder- und Jugendhilfe zu verabschieden und die Entwicklung als Chance und Gewinn zu betrachten.

Eine Konzeption ist verbindlich und, wie Armin Krenz definiert, „eine schriftliche Ausführung aller inhaltlichen Schwerpunkte, die in der betreffenden Einrichtung für die Kinder, die Eltern, die Mitarbeiter:innen selbst, den Träger und die

Öffentlichkeit bedeutsam sind. (...) Jede Konzeption ist damit individuell und trifft in ihrer Besonderheit nur für diese spezifische Einrichtung zu, um das besondere Profil zu verdeutlichen und unverwechselbar mit anderen Institutionen zu sein" (Krenz 1996: 13 f.).

Die Entwicklung der Konzeption ist ein Prozess. Hier werden auch ideelle Grundlagen des Handelns in der Einrichtung abgebildet; eine Konzeption dient der Überprüfbarkeit getroffener Vereinbarungen und der Weiterentwicklung (Pesch 1996: 174).

Die Erarbeitung der Konzeption ist ein längerer (Entwicklungs-)Prozess, der unter Beteilung aller Akteur:innen stattfinden soll. Damit ist gemeint: Kinder, Eltern und Träger werden miteinbezogen. Lehrkräfte, Schulsozialarbeit, pädagogische Fachkräfte mit den jeweiligen Leitungen planen und gestalten diesen Prozess. Die Konzeption stellt dann das Ergebnis des Kommunikationsprozesses aller Beteiligten dar – eine gemeinsam erarbeitete und beschlossene Plattform der pädagogischen Arbeit für den Ganztag, für den Hort, für die Schulkindbetreuung, für die Ganztagsschule. Sie zeigt sowohl den Ist-Stand als auch den Soll-Stand.

Hinweis

Entscheidend für das Gelingen der Entwicklung ist maßgeblich das Handeln der Leitungen, damit sind die Leitungen des Ganztags gemeint. Ist es die Schulleitung, die Leitung für den Nachmittag, den Hort? Wer zeigt sich verantwortlich bzw. wie kann die Öffnung des Ganztags mit welchen Kooperationspartner:innen gestaltet werden? Denn die Leitungen strukturieren den Prozess in machbare Schritte, motivieren ihre Teams und überprüfen am Ende die Ergebnisse auf Umsetzbarkeit. Und die Evaluation der Inhalte sichert die Weiterentwicklung der Konzeption und damit die Weiterentwicklung des Ganztags.

1.2 Warum ist eine Konzeption notwendig?

Aufgrund der stufenweisen Einführung des Rechtsanspruchs auf ganztägige Bildung von Kindern im Grundschulalter ab 2026 ist es unabdingbar, sich um ein gemeinsames Grundverständnis und um Qualitätsmerkmale zu kümmern. „Ganztagsbildung zielt (...) auf verschiedene Institutionalisierungsformen, in denen formale, non-formale und informelle Bildungsprozesse durch die organisatorische, inhaltliche und personelle Verschränkung zu einem integrierten Ganzen zusammengeführt werden" (AGJ 2022: 4; vgl. Coelen & Otto 2008).

Manche Träger fordern bisher zumindest ein Kooperationskonzept von Schule und Kinder- und Jugendhilfe oder erarbeiten eine Konzeption in Anlehnung an das Sozialgesetzbuch 8 (SGB VIII).

Für die Kinder- und Jugendhilfe ist die Konzeption zunächst einmal die Voraussetzung für die Erteilung der Erlaubnis für den Betrieb einer Kindertageseinrichtung. Jede Einrichtung ist dazu verpflichtet, beim überörtlichen Träger eine Konzeption vorzulegen und diese kontinuierlich weiterzuentwickeln. In § 45 SGB VIII ist die Erteilung der Erlaubnis für den Betrieb einer Einrichtung festgelegt: „3 (3) Zur Prüfung der Voraussetzungen hat der Träger mit dem Antrag die Konzeption der Einrichtung vorzulegen, die auch Auskunft über Maßnahmen der Qualitätsentwicklung und -sicherung gibt.“

So bildet die Konzeption einen Teil der Qualitätsentwicklung, die ebenfalls gesetzlich verankert ist. In § 22a SGB VII heißt es: „Die Träger der öffentlichen Jugendhilfe sollen die Qualität der Förderung in ihren Einrichtungen durch geeignete Maßnahmen sicherstellen und weiterentwickeln. Dazu gehören die Entwicklung und der Einsatz einer pädagogischen Konzeption als Grundlage für die Erfüllung des Förderungsauftrages sowie der Einsatz von Instrumenten und Verfahren zur Evaluation der Arbeit in den Einrichtungen“ (§ 22a Abs. 1 SGB VIII).

Die Akteur:innen machen sich im Prozess der Konzeptionsentwicklung und der Evaluation ihre Arbeit bewusst und erarbeiten darüber hinaus Inhalte, die noch nicht in der Praxis vorhanden sind. Das heißt, die Konzeption zeigt, welches Profil sich der Ganztag gibt, welches (Qualitäts-)Niveau die Arbeit fundiert. Sie ist die individuelle Adaption des – gesetzlich festgeschriebenen – Erziehungs- und Bildungsauftrages.

Die Konzeption

- zeigt das Profil des Lern- und Lebensortes Schule
- schafft Identität für alle Beteiligten zum Wohl des Kindes
- ist die Grundlage der pädagogischen Arbeit für den ganzen Tag
- dient zur Qualitätsentwicklung und -sicherung
- sorgt für Transparenz gegenüber Eltern und Öffentlichkeit
- gibt Sicherheit und Orientierung für alle Akteur:innen im Ganztag und beugt Missverständnissen vor
- hilft neuen Mitarbeitern und Mitarbeiterinnen sich einzufinden und sorgt damit auch für eine höhere Mitarbeiter:innenbindung

1.3 Aufbau einer Konzeption – mögliche Inhalte & Struktur

1. Vorwort

Im Vorwort kommt der Träger zu Wort: Es finden sich Absichtserklärung, Motivation und die perspektivische Sicht des Trägers. Hinzu kommen Aussagen über Qualitätsentwicklung für die Kinder mittleren Alters, die Bedeutung einer hochwertigen Bildung, Erziehung und Betreuung.

Das Vorwort schreibt in der Regel der/die Verantwortliche des Trägers und zeigt sich damit verantwortlich für diese Arbeit. Selbstverständlich kann auch das Konzeptionsentwicklungsteam in Abstimmung mit dem Träger den Text verfassen.

→ Konzeptionsbaustein I, S. 27–42

2. Rahmenbedingungen (Strukturqualität)

Die Rahmenbedingungen sind auch als „Strukturqualität" zu bezeichnen. Hier finden sich folgende formale Eckdaten, die der pädagogischen Arbeit einen Rahmen geben: Träger, Lage, Beschreibung des Sozialraumes, Öffnungszeiten, Betreuungsformen, Personal und -schlüssel, gesetzliche Grundlagen, Räume (evtl. mit Grundriss) etc.

→ Konzeptionsbaustein II, S. 43–73

3. Pädagogische Grundlagen (Orientierungsqualität)

Dieser Punkt ist der grundlegendste für die pädagogische Arbeit. Hier findet sich das Leitbild, das Bild vom Kind, die Haltung und Rolle der Pädagog:innen, die Definition von Bildung und Erziehung, Erziehungsziele, entwicklungspsychologische Erkenntnisse, Hinweise zu Partizipation, Inklusion, Kinderschutz und Resilienz.

→ Konzeptionsbaustein III, S. 74–97

4. Umsetzung der pädagogischen Arbeit (Prozessqualität)

Hier werden die Kernprozesse des täglichen Handelns und des Profils beschrieben und dargestellt, wie sich die Grundannahmen in der pädagogischen Praxis zeigen: Das freie Spiel/Gestaltung der Freizeit ist maßgebend für die Gestaltung des Tages; die Darstellung des Tagesablaufs, die Rhythmisierung; die Hausaufgaben oder individuelle Lernzeit, das Mittagessen, die Kinderkonferenz usw.

5. Zusammenarbeit mit der Schule

Dieser Punkt erhält je nach Format des Ganztags eine unterschiedliche Gewichtung. Wird die Konzeption von allen Akteur:innen erarbeitet, sind die Inhalte bereits in den vorherigen Punkten verankert. Handelt es sich um ein additives Format, also Hort oder Schulkindbetreuung oder andere Kooperationen für den Nachmittag, wird dieser Gliederungspunkt ausführlicher bearbeitet.

→ Konzeptionsbaustein IV, S. 102–107

6. Zusammenarbeit in multiprofessionellen Teams, mit Familien, Träger und anderen Institutionen

Hier werden die Ziele der jeweiligen Zusammenarbeit und beispielhaft deren Umsetzung dargestellt.

→ Konzeptionsbaustein IV, S. 99–101; 108–111

7. Öffentlichkeitsarbeit

Dieser Punkt beschreibt die verschiedenen Formate, mittels derer Öffentlichkeitsarbeit betrieben wird sowie die möglichen Ziele des Vorgehens.

→ Konzeptionsbaustein IV, S. 112 f.

8. Qualitätsentwicklung und -sicherung

Wenn die Einrichtung über ein bestehendes Qualiätsmanagementsystem verfügt, wird dieses beschrieben, oder es werden die Instrumente vorgestellt, mit denen Qualität entwickelt, gesichert und verbessert wird.

→ Konzeptionsbaustein V, S. 114–118

9. Schlusswort

Im **Vorwort der Konzeption** finden sich die ideellen Grundlagen und Werte sowie ggf. die Beschreibung der innovativen Dimension des Vorgehens. Denn für viele ist, wenn nicht gesetzlich erforderlich, die gemeinsame Entwicklung einer Konzeption ein Novum, der Beginn eines wichtigen, gemeinsam erarbeiteten Prozesses.

Im Abschnitt **Rahmenbedingungen** werden die Strukturen beschrieben, die für die pädagogische Arbeit gegeben sind. Hierzu gehören auch die jeweiligen gesetzlichen Bestimmungen auf nationaler und länderspezifischer Ebene sowie international gültige Rechte (z. B. Kinderrechte).

Die Beschreibung der **pädagogischen Grundlagen** – d.i. die Darstellung der **Orientierungsqualität** – und des zur Umsetzung nötigen Fachwissens aus den unterschiedlichen Disziplinen ist das Herzstück jeder Konzeption. Hier werden die das pädagogische Arbeiten bestimmenden Erkenntnisse benannt. Diese pädagogischen Grundannahmen definieren das WARUM der Arbeit. Auf diesem WARUM basiert die **Umsetzung in die pädagogische Praxis.**

Die **Kooperation mit der Schule** ist ein entscheidender Punkt, der auf jeden Fall mit der Schule zu erarbeiten ist, wenn nicht sowieso alle Akteur:innen an der Erarbeitung mitwirken.

Die Erläuterung der **Zusammenarbeit mit dem Team, Eltern und Familien, Träger und anderen Institutionen** erfolgt in separaten Gliederungspunkten. Darin werden jeweils die Ziele und die Art der Umsetzung beschrieben.

Hinweise zum **Qualitätsmanagement** runden die Konzeption ab: Wie kann gesichert und wertgeschätzt werden, was im Prozess erarbeitet und geleistet wurde? Welche Tools stehen zur Verfügung, um die Qualität immer wieder zu überprüfen und weiterzuentwickeln?

Jede Konzeption endet mit einem **Schlusswort oder einem Ausblick.** Hier können zum Beispiel nochmals die Kinder zu Wort und Bild kommen – vielleicht finden sich Aussagen dazu, was sie sich wünschen und was sie brauchen.

Hinweis

> Prinzipiell gilt: Je wichtiger ein bestimmter Inhalt für den Ganztag ist, desto mehr Platz räumen ihm die Konzeptionsentwickler:innen ein.

1.4 Vorgehensweise bei der Entwicklung der Konzeption

In der Phase vor der eigentlichen Konzeptionserstellung sind folgende Fragen zu klären:

- Wer arbeitet an der Entwicklung mit? Gibt es ein Steuerungsteam, zusammengesetzt aus Ganztagsleitung und Schulleitung mit Mitarbeitenden aus den jeweiligen Teams?
- Wie viel Zeit wird für die Entwicklung eingeplant? Welches Format der Treffen ist geeignet: Kleinteams, alle Akteur:innnen, die Leitungen usw.?
- Wie können Kinder, Träger und Eltern beteiligt werden und zu welchen Themen?
- Wer soll die Konzeption lesen? Welche Zielgruppe(n) soll sie ansprechen?
- Welchen Umfang soll sie haben? Oder gibt es eine Kurz- und eine Langversion?
- Kann eine externe Prozessbegleitung die Konzeptionsentwicklung unterstützen?

Abb. 1: Beispiel einer Mindmap zur Erarbeitung einer Konzeption

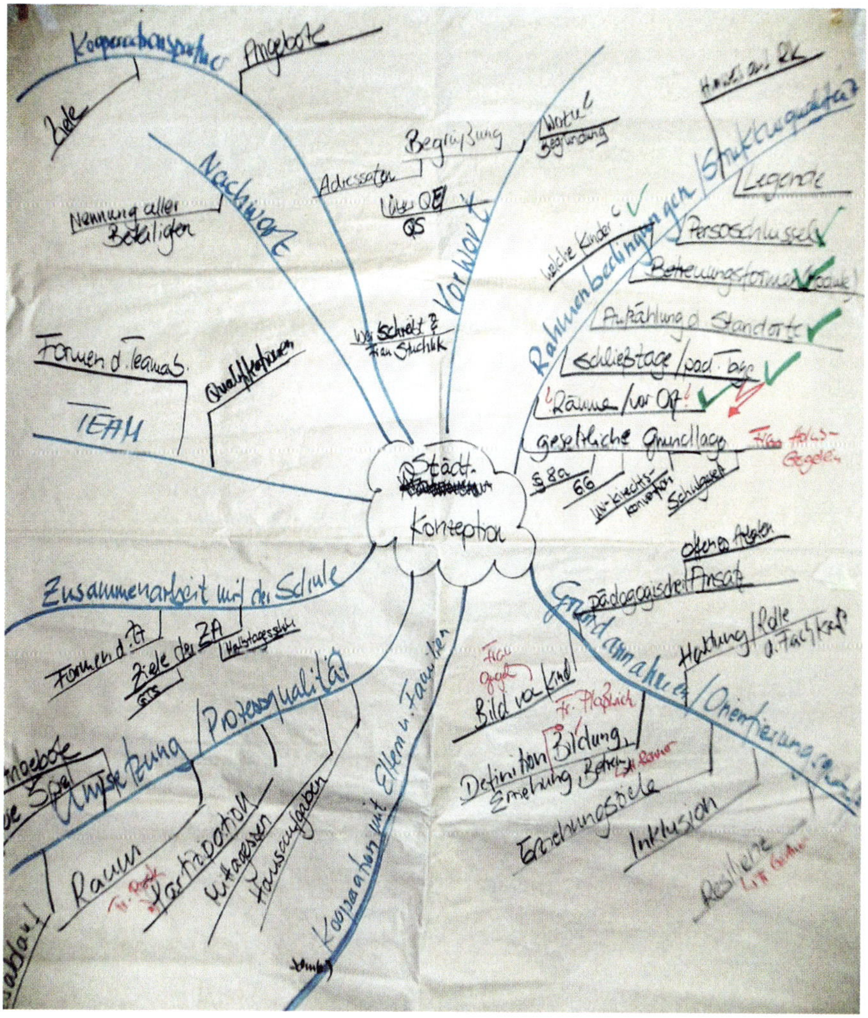

Vor Beginn des Entwicklungsprozesses treffen die Teams folgende Vorbereitungen:

- **Bildungsplan/pläne lesen** – der von der Schule als auch der aus der Kinder- und Jugendhilfe. Einige Bundesländer (Thüringen, Hessen, Mecklenburg-Vorpommern, Nordrhein-Westfalen und Sachsen) haben einen Bildungsplan für die Altersspanne 0-10 oder 0-18 Jahre.
- **Mindmap erstellen** – mit dieser Methode lassen sich anschaulich alle Inhalte einer Konzeption auflisten. Die Hauptgliederungspunkte werden als Äste dargestellt und die dazugehörenden Unterpunkte als Zweige (siehe Abb. 1).

Sind die wichtigsten Inhalte in der Mindmap gesammelt, geht es im nächsten Schritt um eine Ausdifferenzierung, nämlich darum, wer was mit wem erarbeitet. Entscheidungen werden in der Mindmap neben den Ästen oder Zweigen notiert oder es wird ein **Maßnahmenkatalog** erstellt und die Ergebnisse dort festgehalten:

WAS?	WER? Unterstützerinnen und Unterstützer?	Bis WANN?	Erledigt?

1.5 Zeitschiene und Arbeitsverteilung

Ist die Mindmap mit den Inhalten für die Konzeption erstellt, folgt die Analyse:

- Gibt es Inhalte, die bereits vorhanden sind, die vielleicht nur eine Auffrischung benötigen? Sind diese Inhalten noch aktuell?
- Welche Inhalte können von Einzelnen oder in Kleingruppen vorbereitet, dann im Plenum des Teams vorgestellt und die Veränderungen anschließend in den Text eingefügt werden?
- Wurde bereits ein Redaktionsteam festgelegt?
- Welche Inhalte sind gemeinsam (neu) zu erarbeiten?
- Welche Inhalte sind mit einer externen Begleitung zu erarbeiten?

Als Nächstes wird eine Zeitschiene festgelegt und für alle sichtbar visualisiert.

Tipp

Methode Zeitschiene
Die Monate werden für einen Zeitraum von einem Jahr angelegt und jeweils auf eineModerationskarte geschrieben. Die zwölf (oder auch mehr) Karten sind am Boden ausgelegt, und jeder Monat wird nun gemeinsam überprüft: Wie viel Zeit, wie viele Teamsitzungen stehen für die Entwicklung der Konzeption zur Verfügung? Diese Zeiten werden jeweils auf einzelnen Karten notiert und unter die Moderationskarte mit dem betreffenden Monat gelegt. Man kann auch mit Haftnotizen arbeiten, um die Teilergebnisse besser verschieben zu können.

Im bereits angelegten **Maßnahmenkatalog** (s.o.) werden die Ergebnisse schriftlich festgehalten.

In Ordnern – sowohl manuell als auch digital – finden alle Materialien und die entstehenden Texte ihren Platz.

Hinweis

Die Dauer der Erstellung einer Konzeption hängt davon ab, ob es sich um eine Neuentwicklung oder eine Überarbeitung handelt. **Für die Entwicklung einer neuen Konzeption ist mit einem Zeitraum von eineinhalb Jahren zu rechnen** – auch davon abhängig, wie viele Menschen im Ganztag arbeiten.

1.6 Textformulierung und Layout

Bevor die Erarbeitung beginnt, legen die Akteur:innen, die Steuerungsgruppe oder das Team, spezifische Begrifflichkeiten, Schreibweisen und Formulierungsregeln fest. Ein gemeinsames Wording schafft und zeigt Verbindung.

Wording und Stil:

- Wie werden die Mitarbeitenden im Ganztag genannt?
- Wird die weibliche und/oder männliche, gegenderte oder neutrale Form verwendet: Mitarbeiterin, Mitarbeiter, Mitarbeiter:in oder Mitarbeitende?
- Wird von dem Kind oder den Kindern gesprochen (Singular oder Plural)? Bleibt es bei der allgemeinen Anrede oder wird präzisiert, wenn ja, wie: Schulkinder oder Kinder mittleren Alters?
- Welche Bezeichnung des Formates für den Ganztag wird gewählt?
- Passiv-Formen vermeiden, besser aktiv formulieren.
- Keine Konjunktive wie „könnte“, „müsste“ etc. verwenden.
- Pädagogische Fachbegriffe wie zum Beispiel „Resilienz“ oder „Inklusion“ kurz erklären.
- Verschiedene Gestaltungselemente wie Listen, Fotos, Tabellen etc. verwenden; wenig, und dafür prägnanten Fließtext formulieren, um „Bleiwüsten“ zu vermeiden.
- Sollte die Konzeption auch barrierefrei formuliert werden?

Layout:

- Wer könnte das Layout übernehmen? Gibt es Ressourcen im Umfeld?
- Existiert ein Logo bzw. Logos, die zum Einsatz kommen können?
- Gibt es bereits ein Corporate Design? Oder kann das parallel zum Prozess entwickelt werden?

- Wie viel Geld steht zur Verfügung, um das Produkt drucken zu lassen? Wie „wertig" darf die Konzeption ausfallen? Diese Wertigkeit kann sich in Farb-, Papier und Fotoauswahl ausdrücken. Die Konzeption wird das Aushängeschild Ihrer Einrichtung/Institution und schafft Identifikation.

Gestaltungsideen:

- kurze Geschichten zu einem Erlebnis aus dem Alltag, zum Beispiel, wie Kinder ihre Ideen in die Gestaltung der Räume einbringen;
- Fotos, die die Kinder selbst aufgenommen haben;
- kurze Lerngeschichten, wie zum Beispiel über eine Freundschaft der Kinder;
- Zitate der Kinder;
- Zitate der pädagogischen Fachkräfte;
- Zitate von Persönlichkeiten;
- überraschende Überschriften (durchaus aus Slogans) zu den einzelnen Gliederungspunkten, zum Beispiel: „Unser Rahmen" oder „Unsere Orientierung", „Sie sind unsere Partner", „So arbeiten wir".

1.7 Rolle der Leitung

Wenn wir hier von Leitung sprechen, ist damit die Leitung des Ganztags gemeint. Das Projekt „Wissenschaftsgeleiteter Qualitätsdialog zum Ganztag" (QUAD) empfiehlt ein kooperatives Leitungsmodell für den Ganztag: eine Steuerungsgruppe (QUAD 2021a: 6 f.). Teil einer Steuerungsgruppe können beispielsweise die Schulleitung, die Ganztagsleitung oder auch Vertreter:innen der Träger sein. Sie sollen sich gemeinsam verantwortlich zeigen für die Entwicklung und Gestaltung der verschiedenen Elemente des Ganztags als Einheit – und somit auch für die Konzeptionsentwicklung.

Die Leitung strukturiert den Entwicklungsprozess und weiß um die Stärken ihres Teams bzw. der Beteiligten. Im Vorfeld klärt sie mit dem Träger, welche zeitlichen und finanziellen Ressourcen für die Konzeptionsentwicklung zur Verfügung stehen bzw. gesondert dafür bereitgestellt werden. Die Leitung weiß um die gesetzlichen Bedingungen.

Die Leitung sorgt für eine angemessene Aufgabenverteilung, damit sich bestenfalls alle am Prozess Beteiligten engagieren können. Für die komplexe Aufgabe braucht es Klarheit in der Planung. Deshalb ist die Zeitschiene (siehe S. 16) ein erprobtes und einfaches Mittel, um die nötige Transparenz herzustellen.

In den Meetings reflektiert die Leitung den jeweiligen Stand der Entwicklung: Was wurde bereits erarbeitet? Was steht als Nächstes an? Und was muss vielleicht verschoben werden? In regelmäßigen Abständen wird auch überprüft, ob der Zeitplan noch einzuhalten ist.

Die Leitung muss nicht alles selbst können und erledigen; sie hat die Aufgabe, Räume für die Entwicklung zu schaffen, die Mitarbeitenden zu führen, Rückmeldung zu geben und damit auch die Ergebnisse zu überprüfen. „Ganz wichtig für die Leitung als verantwortliche Person in diesem Prozess ist es, ein Zielbewusstsein, eine Selbstmotivation und Begeisterungsfähigkeit zu entwickeln, damit die anderen Teammitglieder dies spüren und sich für den Entwicklungsprozess öffnen" (Dreyer 2017: 55 f.).

Beispiel aus der Praxis

Gemeinsam stark sein

„Aus meiner Erfahrung als Ganztagskoordinatorin ist es ganz entscheidend, dass die Ganztagsleitung und die Schulleitung ein gemeinsames erweitertes Leitungsteam bilden. Selbstverständlich braucht es für solch eine Zusammenarbeit gewisse Eigenschaften wie Vertrauen in die Arbeit der jeweils anderen, Dankbarkeit und ein gegenseitiges Rollenbewusstsein. Ebenso zentral ist es, den Mut zu haben, Verantwortung zu übernehmen, und gleichzeitig Freude daran, Entscheidungen zu treffen."

Juliane Winkler, ehemalige Ganztagsleitung an der Friedenauer Gemeinschaftsschule Berlin, zit. nach: Wissenschaftsgeleiteter Qualitätsdialog zum Ganztag (QUAD) (2021a): *Ganztag erfolgreich steuern*, Frankfurt a. M., S. 6.

Impulse

Denkanstöße für eine gute Zusammenarbeit

1. Wie setzt sich Ihr Ganztagsteam zusammen? Sind die Aufgaben und Zuständigkeiten der beteiligten Professionen allen Teammitgliedern bekannt?
2. Wie kann die Entstehung eines von allen geteilten multiprofessionellen Bildungsverständnisses in Ihrer Ganztagseinrichtung konkret gefördert werden?
3. Was läuft gut in der Zusammenarbeit, und wo sehen Sie Möglichkeiten der Verbesserung? (Vgl. Wissenschaftsgeleiteter Qualitätsdialog zum Ganztag (QUAD) (2021b): *Zusammenarbeit im Ganztag stärken*, Frankfurt a. M., S. 24–25).

4. Wie arbeiten die Leitungen zusammen, um gemeinsam an einer Konzeption zu arbeiten?
5. Findet die Zusammenarbeit auf Augenhöhe statt?

Die Leitungen stellen vor der Erarbeitung noch weitere Überlegungen an:

- Wer könnte welche Inhalte erarbeiten?
- Wer hat welche Stärken?
- Wer hat oder erhält welche zeitlichen Ressourcen?
- Wer könnte für wen etwas anderes übernehmen?
- Wer hat Spaß am Schreiben und verfügt über Formulierungskompetenzen?

1.8 Geeignete Methoden zur Erarbeitung

Im Folgenden werden verschiedene Methoden vorgestellt, die sich für die Erarbeitung der Konzeption im Team eignen. Wählen Sie aus, welche Methoden zu Ihrem Team und zum jeweiligen Thema passen:

Biografiearbeit

„Der pädagogischen Fachkraft ist bewusst, dass sie in ihrem Handeln immer ihre eigene Person mit ins Spiel bringt. Werte, Ansprüche, Erfahrungen und die eigene Biografie beeinflussen das Handeln. Die professionelle pädagogische Fachkraft setzt sich mit diesen Einflüssen auseinander und berücksichtigt sie in der erzieherischen Arbeit. Die Leitungskraft berücksichtigt diese Einflüsse insbesondere bei ihren Führungsaufgaben sowie in der Zusammenarbeit im Team und mit Partnern. Sie ist sich ihrer diesbezüglichen besonderen Verantwortung bewusst" (Ministerium für Kultus, Jugend und Sport Baden-Württemberg 2011: 56).

Je nach Entwicklungsstand des Teams können die Ergebnisse der Biografiearbeit im Plenum dargestellt werden, oder aber die Fachkraft behält ihre persönlichen Erkenntnisse für sich. Die Ableitung für die pädagogische Arbeit wird dem Kollegium jedoch mitgeteilt. Die Biografiearbeit umfasst die folgenden Schritte:

- Sie beginnt mit einer Einzelarbeit. Dafür wird ausreichend Zeit eingeplant, damit alle sich auf die Fragen wirklich einlassen können.
- Danach erfolgt ein Austausch mit einem Partner oder einer Partnerin. Dabei wird erzählt, was jede/r Einzelne bereit ist, preiszugeben. (Es ist keine thera-

peutische Sitzung, kein Aushorchen oder „Seelenstriptease", sondern ein Teilen der Erlebnisse, die nicht bewertet werden.)

- Die Erkenntnisse, die allein jede bzw. jeder für sich gewonnen hat, werden nun ins Plenum eingebracht.
- Diese Ergebnisse werden mit den Erkenntnissen aus Wissenschaft und Forschung abgeglichen.

Biografiearbeiten eignen sich beispielsweise zu folgenden Themen:

- Das **Bild vom Kind** und zum Lernen des Kindes – wie habe ich gut oder nicht gut gelernt?
- **Haltung der Pädagog:innen** – wann habe ich mich wohlgefühlt, welches Verhalten hat mir gut getan und welches nicht?
- **Partizipation** – woran wurde ich als Kind beteiligt und woran nicht? Wie ist es mir dabei ergangen?

(Klein-)Gruppenarbeit

Während einer Lernphase ist es oft günstig, aus dem Plenum der Lernenden mehrere Kleingruppen (mit drei bis sechs Personen) zu bilden. Die Gruppen erarbeiten dann innerhalb einer bestimmten Zeit, mit oder ohne Unterstützung, bestimmte Aufgaben, Problemstellungen und Fragen. Wichtig bei der Kleingruppenarbeit ist, dass der Gruppe ein möglichst konkreter Arbeitsauftrag sowie ein bestimmter Zeitrahmen vorgegeben wird, der einzuhalten ist. Die Ergebnisse der Gruppenarbeit werden den anderen Teilnehmenden in einer ansprechenden, kreativen Form präsentiert.

Diese Gruppenarbeit aktiviert den Erfahrungsschatz der Teilnehmenden und hilft auch, Wissens- und Verständnislücken zu erkennen und zu schließen.

Paararbeit, Lern-Tandems

Paararbeit oder Partnerarbeit kann als Mini-Gruppenintervention gesehen werden. Gruppendynamisch bestehen allerdings wichtige Unterschiede zwischen Paararbeit und Kleingruppenarbeit. So ist zum Beispiel die Balance von Nähe und Distanz in der Partnerarbeit wesentlich schwieriger zu halten als in der Kleingruppenarbeit.

> Paararbeit eignet sich besonders für Feed-back-Prozesse und kann für eine intensive Auseinandersetzung mit einer Problematik eingesetzt werden. Lern-Tandems zeichnen sich vor allem durch gegenseitige Stützung, Begleitung und Reflexion von Lernprozessen aus. Bei großen Teams erscheint diese Arbeitsform sehr sinnvoll und zeitsparend.

Erwartungsabfragen

Hier stellen wir Ihnen vier verschiedene Varianten vor:

Klassisch

- Die Teilnehmenden haben kurz Zeit, über ihre Erwartungen nachzudenken.
- Anschließend notieren sie ihre Gedanken auf Moderationskarten.
- Die Moderation befragt die Teilnehmenden entweder der Reihe nach oder zufällig und heftet die Karten an eine vorbereitete Pinnwand.

Auswahl von Bildern

- Viele Postkarten mit unterschiedlichen Motiven liegen im Kreis auf dem Boden.
- Die Gruppe verteilt sich um den Kreis; jeder Teilnehmende sucht sich die Postkarte aus, die ihn/sie spontan anspricht.
- Im Anschluss daran erklärt jede/r Einzelne, warum er/sie seine Karte ausgewählt hat und was die Karte mit seinen/ihren Erwartungen zu tun hat.

Erwartungsabfrage durch Thesen

- Die Moderation schreibt eine provokante These, die in engem Bezug zum Thema steht, auf das Flipchart, zum Beispiel: „Ich fühle mich bestens für das Thema gewappnet."
- Unter dieser Aussage sind horizontal aneinandergereiht vier Quadrate aufgezeichnet, die von links beginnend mit – –, –, +, ++ (in Worten: minusminus, minus, plus, plusplus) bewertet sind.

- Jede/r Teilnehmende erhält einen Klebepunkt und kann sich nun in einem dieser Quadrate positionieren. Alternativ kann auch mit einem Moderationsstift ein gut sichtbarer Punkt gemalt werden.

Erwartungsabfrage per Zuruf

- Die Ausgangsfrage lautet etwa: Formulieren Sie Ihre Erwartung an die Grundaussagen in der Konzeption im Stil der Headline in einer Tageszeitung – zum Beispiel: „Das Kind im Mittelpunkt!"
- Die Teilnehmenden rufen ihre Ideen ins Plenum.

Kartenabfrage

Die Inhalte werden veranschaulicht nach der Regel: ein Gedanke pro Moderationskarte. Die Moderation oder die Teilnehmenden selbst heften ihre Karte dann an das Flipchart. Die Karten können bereits während des Aufhängens oder auch danach geclustert werden. Zusammengehörende Ideen gehören in ein Cluster, das mit einem passenden Oberbegriff versehen wird. Bei Unklarheiten wird die Karte einfach noch mal geschrieben.

Die Kartenabfrage wird für die Sammlung von Ideen, wichtigen Fragen, Meinungen und Inhalten verwendet. Denkprozesse werden visualisiert, kein Gedanke geht verloren, und man kann später daran weiterarbeiten.

Fishbowl

Die Methode dient dazu, Diskussionen in großen Gruppen übersichtlich zu gestalten. Hier geht es darum, Stellung zu beziehen, zu diskutieren, Meinung mitzuteilen.

Bei einer größeren Gruppe setzt sich ein kleiner Kreis in die Mitte des Stuhlkreises und diskutiert ein Thema. Die Teilnehmenden aus dem Außenkreis hören zu und können sich auch an der Diskussion beteiligen, indem sie jemanden aus dem Innenkreis bitten, mit ihnen den Platz zu tauschen. Die Beteiligten aus dem

Innenkreis können auch von sich aus den Stuhl freigeben und wieder in den Außenkreis der Zuhörer wechseln.

Variation: Ein leerer Stuhl symbolisiert eine Einladung an die Personen des Zuhörerkreises, darauf Platz zu nehmen, ihre Meinung vorzubringen und anschließend den Stuhl wieder für einen anderen Teilnehmenden freizugeben.

Ressourcenrad

Die Gruppe erarbeitet selbstständig und kreativ Lösungen. Ein Perspektivenwechsel ermöglicht der Gruppe, ein (gemeinsames) Problem von außen und aus verschiedenen Blickwinkeln zu betrachten.

> Die Methode ist geeignet für das gemeinsame Erarbeiten von Lösungen in Gruppen und Teams in Bezug auf alle Themen, die aus neuen Perspektiven betrachtet werden sollen.

Die Gruppe teilt sich in vier Kleingruppen. Jede Kleingruppe übernimmt die Rolle einer bestimmten Beraterfirma – und zwar: die Weisen, die Narren, die Revolutionäre, die Hüter des Bewährten. Aus diesem jeweiligen Selbstverständnis heraus erarbeitet jede Kleingruppe in einer vorgegebenen Zeit (ca. 20 bis 40 Minuten) Ideen und Lösungsvorschläge für eine vorher gemeinsam definierte Frage bzw. Problemstellung. Dafür stehen den Kleingruppen Moderationsmaterial und je eine Pinnwand zur Verfügung. Im Anschluss präsentieren alle Kleingruppen ihre Ergebnisse. Die Präsentationen sollen aus der Rolle der Beraterfirma heraus erfolgen, das heißt, die Lösungsvorschläge werden möglichst überzeugend dargestellt.

Es empfiehlt sich, mit den Ergebnissen nicht zu schnell in die Bewertung zu gehen und stattdessen zu schauen, welche Ressourcen in den Vorschlägen liegen. Zum Beispiel kann in einem folgenden Schritt gefragt werden:

- Welche Ansätze sind neu und überraschend?
- Woran wollen wir weiterdenken?
- Was interessiert uns?

Placemat (Tischset-)Methode

Einen großen Bogen Packpapier oder aneinandergeklebte Flipchart-Bögen nach der Skizze (siehe unten) vorbereiten – als Ansichtsmodell.

Abb. 2: „Placemat"

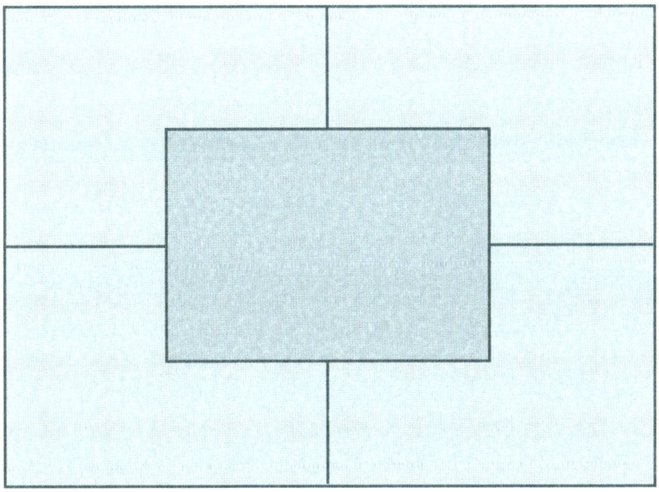

Die Teilnehmenden setzen sich in Gruppen – vorzugsweise Vierergruppen – zusammen. Jede Gruppe erhält einen großen Bogen Papier (A3 oder größer) und zeichnet sich eine „Placemat".

Dabei hat jede/r Teilnehmende im Außenbereich des Blattes ein eigenes Feld. In diesem Feld notiert jedes Gruppenmitglied seine Gedanken zur Aufgabenstellung, zum Beispiel: „Was bedeutet für mich der Begriff Lernen?"

Nach dieser Einzelarbeit tauschen die Gruppenmitglieder ihre individuellen Antworten bzw. Ideen aus, indem das Blatt gedreht wird bzw. alle sich um das Blatt herumbewegen, damit sie die gesamten Notizen zur Kenntnis nehmen können.

Anschließend diskutieren die Gruppenmitglieder die Notizen und einigen sich auf Antworten und Ideen, die sie als gemeinsames Ergebnis in das mittlere Feld eintragen. Zum Schluss präsentiert jede der Arbeitsgruppen ihre Ergebnisse im Plenum.

World-Café

Wie der Name bereits sagt, handelt es sich um ein Café, in dem Tische zu unterschiedlichen Themen stehen. Auf jedem Tisch kann es Kaffee und Gebäck geben. Viel wichtiger ist aber: Auf jedem Tisch ist eine Frage zu sehen. Die Tische sind mit „Tischdecken aus Papier" und Stiften ausgestattet, um Gedanken zu der Frage niederzuschreiben. Die Fragen für die Tische entstehen vorher durch eine Sammlung mit allen Beteiligten, oder eine Vorbereitungsgruppe hat diese bereits erarbeitet.

Diese Methode eignet sich für große Gruppen, die gemeinsam an einem übergreifenden Thema arbeiten, bei dem Unterpunkte gebildet werden können. Relativ zügig können unterschiedliche Sichtweisen dargestellt und zusammengeführt werden.

Jeder Tisch ist mit einer/m Gastgeber:in besetzt. Diese Person bleibt, auch wenn die anderen Teilnehmenden die Tische wechseln, am selben Tisch. Sie stellt am Ende das Ergebnis vor und empfängt bei den Wechseln die neuen Gäste. Pro Tisch halten sich maximal fünf Personen zum Austausch auf. Nach circa 15 Minuten ertönt ein Signal und die Teilnehmenden wechseln ihren Tisch, je nach Interesse an den Fragen. Idealerweise kann jede/r sich an jedem Tisch austauschen, wenn genügend Zeit vorhanden ist. Die Anzahl der Tische hängt von der Gesamtzahl der Teilnehmenden ab.

Die Ergebnisse auf den Tischdecken werden am Ende für alle sichtbar aufgehängt und zusammengefasst.

2. Konzeptionsbaustein I: Die Rahmenbedingungen

Rahmenbedingungen sind verschiedene äußere Faktoren wie beispielsweise Sozialraumbedingungen, Personal (Anzahl, Qualifikation) und Personalschlüssel, Öffnungszeiten, Räume etc., die in Ihrer Einrichtung das Gerüst bilden, um pädagogische Aufgaben und Pflichten erfüllen zu können. Natürlich sind hier auch die gesetzlichen Vorgaben nicht zu vergessen. Rahmenbedingungen sind gleichzusetzen mit der **Strukturqualität** einer Einrichtung. Anders ausgedrückt: Die Strukturqualität beschreibt die Rahmenbedingungen, die für die Ausführung der Arbeit vorhanden sind.

Der Konzeptionsbaustein I setzt sich deshalb unter anderem aus folgenden Punkten zusammen:

- Die Lage der Einrichtung wird beschrieben. Damit ist der Sozialraum im Quartier gemeint. Dabei ist darauf zu achten, dass die Situation neutral beschrieben wird und keine (unbewussten) Stigmatisierungen stattfinden. Hier werden nur Zahlen, Daten und Fakten aufgeführt. Die Fakten sind über die Bedarfsplanung der Kommune zu erfahren.
- Ist die Geschichte der Schule/der Einrichtung relevant für die pädagogische Arbeit oder die Namensgebung, kann sie sich in der Konzeption wiederfinden. Wichtig dabei: kurze und knappe Darstellung.
- Darstellung des Trägers mit Kontaktdaten (Name der Ansprechperson(en), Adresse, Telefon und Mailadresse).
- Betreuungszeiten und -formen sowie Schließ-/Ferientage werden aufgelistet. Die Daten, die sich häufig ändern, können auf einem Einlageblatt abgebildet werden.
- Personalschlüssel- bzw. Erzieherin-Kind-Schlüssel, der vom Träger vorgegeben ist, wird dargestellt. Hier eignet sich eine Auflistung der vorhandenen prozentualen Stellen. Dazu werden die Professionen aufgezeigt – zum Beispiel: staatlich anerkannte Erzieherin (100 %), Schulsozialarbeiter:in (100 %), Zusatzkräfte usw.

2.1 Das „Eiserne Dreieck der Strukturqualität“

Das „Eiserne Dreieck der Strukturqualität“ aus frühkindlicher Bildung gibt eine Idee zum Fachkraft-Kind-Schlüssel. Das Dreieck setzt sich zusammen aus der Fachkraft-Kind-Relation, der Gruppengröße und der Qualifikation des Personals (vgl. Viernickel et al. 2013). Die EPPE-Studie (Effecitve Preschool and Primary Education), die größte und umfassendste europäische Langzeitstudie zur Wirksamkeit der „Frühkindlichen Bildung“, sagt aus:
Je ...

- kleiner die Gruppe,
- günstiger das Verhältnis von Anzahl der Pädagog:innen zur Anzahl der Kinder,
- höher die Ausbildung der Fachkräfte,
- mehr mittelbare Zeit (Verfügungszeit) und
- angemessener die Raumgröße

desto ...

- höher ist die pädagogische Prozessqualität und desto
- positiver ist die Entwicklung der Kinder (vgl. Viernickel & Fuchs-Rechlin 2015).

Hinweis

Personal im Ganztag

Der Personalschlüssel für den Ganztag ist bisher diffus und unkonkret. Für den Ganztag ist noch nicht bekannt, wie viele und welche Fachkräfte neben den Lehrkräften in den außerunterrichtlichen Angeboten tätig sind. „In Ganztagsschulen lässt sich das Personal in drei Gruppen unterteilen: in Kräfte, die neben dem Unterricht auch in den Ganztagsbetrieb eingebunden sind, in weitere, nichtunterrichtende pädagogisch Tätige sowie in ehrenamtlich Engagierte“ (Plehn 2023a: 27). Das Personal im Ganztag ist heterogen (siehe „Multiprofessionelle Teams“, S. 99 ff.). Über die Art und den Grad der unterschiedlichen Qualifikationen gibt es bisher keine Statistik. Auf jeden Fall findet sich auch ein nicht zu unterschätzender Anteil nicht- pädagogisch qualifizierter Kräfte.
Für den Personalschlüssel in Horten gibt es für die Bundesländer unterschiedliche Mindeststandards:

- In Baden-Württemberg liegt die Empfehlung bei 1:10 (Hauptbetreuungszeit bei 20 Kinder pro Gruppe)
- Berlin 1:22
- Mecklenburg-Vorpommern 1:22 (KiVög)

Abb. 3: Personalschlüssel in Hortgruppen im Vergleich

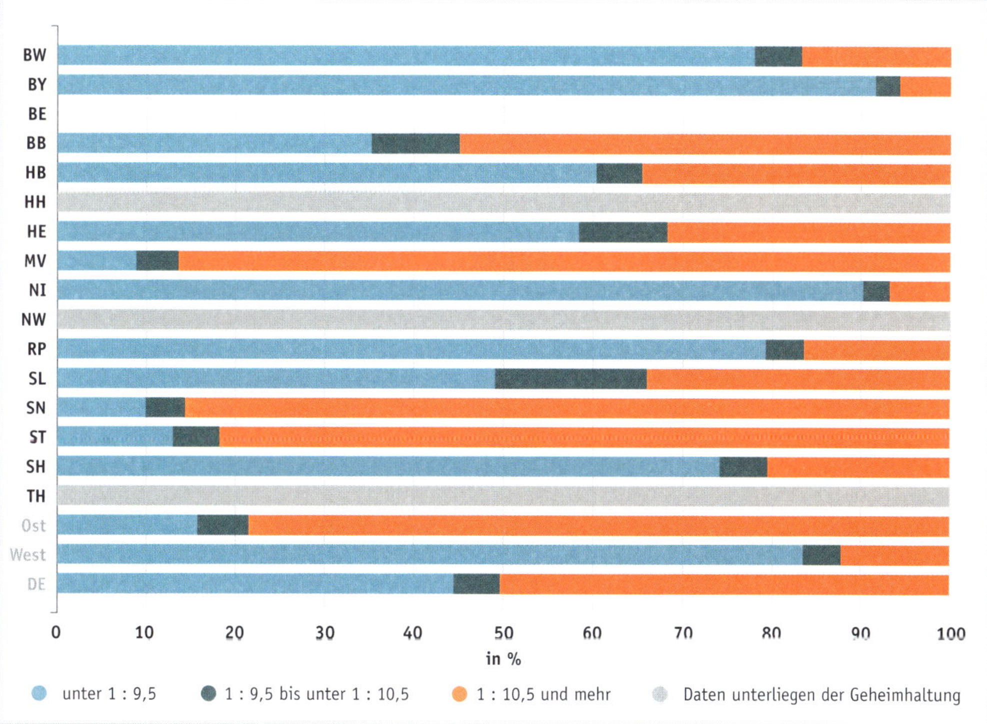

Quelle: Bertelsmann Stiftung: Ländermonitor Frühkindliche Bildungssysteme, Stand: 1.3.2021

„Der Personalschlüssel ist wichtig – aber wenig aussagekräftig

Der Personalschlüssel ist für die Berechnungen der Träger und für die Leitung einer Kindertageseinrichtung wichtig. Er ist ein statistischer Wert, nach dem errechnet wird, wie viel Personal in einer Kita eingestellt wird. Letztlich sagt er nichts darüber aus, wie viel Zeit eine Erzieherin oder ein Erzieher in der Kita für ein Kind hat. Der Kita-Alltag ist bestimmt von einer Vielfalt an Aufgaben, die nicht unmittelbar mit der Interaktion mit Kindern zu tun haben. Um Kinder nicht nur zu betreuen, sondern auch Bildungs- und Lernangebote zu konzeptionieren, gehören Vor- und Nachbereitungszeiten zu der pädagogischen Arbeit, genauso wie deren Dokumentation und Gespräche mit Eltern. Um sich stetig in der Profession weiterzubilden, werden Fort- oder Weiterbildungen besucht. Außerdem sind Krankheits- oder Urlaubszeiten weitere Gründe. Der Personalschlüssel ist deshalb für die Herausforderungen im Alltag wenig aussagekräftig.

Personalschlüssel vs Fachkraft-Kind-Relation

Die Fachkraft-Kind-Relation bringt Licht ins Dunkel
Im Unterschied dazu kann die Fachkraft-Kind-Relation bessere Auskunft geben. Dieser Schlüssel bezieht die Zeiten der mittelbaren pädagogischen Arbeit (wie z. B. Vorbereitungszeiten oder Fortbildungen) mit ein. Er kann zeigen, für wie viele Kinder eine Fachkraft im Alltäglichen zuständig ist. Zu beachten ist aber auch, welche der oben genannten Faktoren bei den Berechnungen berücksichtigt werden" (https://www.gew.de/kita/qualitaet/personalschluessel-und-fachkraft-kind-relation).

2.2 Räume/Grundriss des Hauses

Hier geht es um den vorhandenen Platz und die Aufteilung der Räume – also, wie viele und wie große Räume im Ganztag, innen wie außen, zur Verfügung stehen. Dazu kann eine Aufzählung gewählt werden oder ein Grundriss mit den Bezeichnungen der Räume.

Abb. 4: Raumkonzept: Beispiel Grundriss

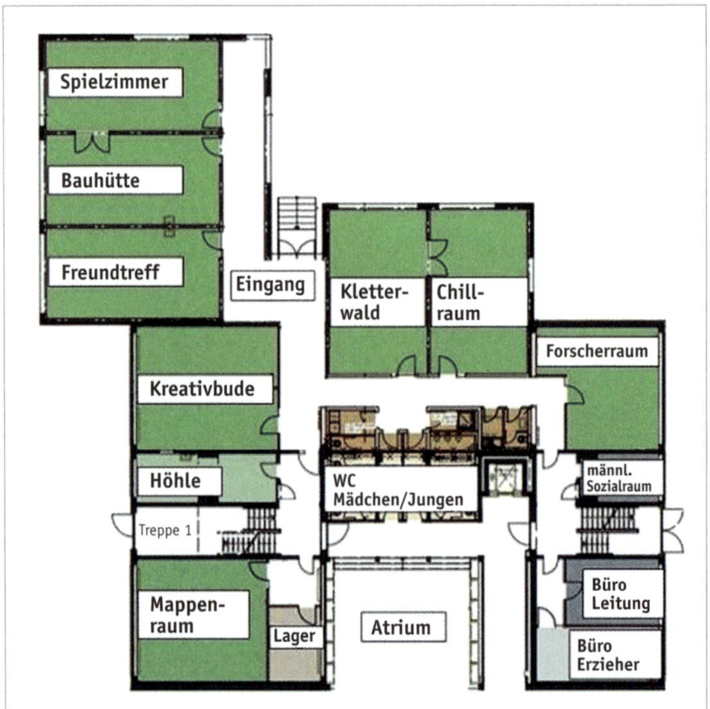

Quelle: Hort Tausendfüßler – Raumkonzept (hort-tausendfuessler.de)

Wie die pädagogische Qualität der Räume aussieht, wie die verschiedenen Bildungsräume gestaltet sind, wird im Konzeptionsbaustein III ausführlich beschrieben.

Hinweis

Die Erarbeitung der Strukturqualität ist das Zusammentragen des vorhandenen Rahmens, von Zahlen, Daten und Fakten. Dieser Rahmen ermöglicht dann die tatsächliche Arbeit mit den Kindern und Familien.

2.3 Gesetzliche Grundlagen

In den gesetzlichen Grundlagen ist geregelt, mit welchem gesetzlichen Rahmen Kinder betreut, erzogen und gebildet werden. Es gilt für alle internationales Recht mit der UN-Kinderrechtskonvention (UN-KRK). Die Kinderrechtskonvention wurde am 20. November 1989 von der UN-Generalversammlung verabschiedet und trat am 2. September 1990 völkerrechtlich in Kraft. Kinderrechte gelten für alle Menschen, die das 18. Lebensjahr noch nicht vollendet haben (Art. 1 UN-KRK). Es handelt sich um Schutz-, Förder-, und Beteiligungsrechte, wie der Schutz vor Diskriminierung, Identitätsverlust, unbefugte Trennung von den Eltern, rechtswidrigen Eingriffen in die Privatsphäre, schlechten Einflüssen von Medien, Gewalt und Gefahren beim Leben außerhalb der Familie. Die Förderrechte beziehen sich auf das Kindeswohl, das Leben, Familienzusammenführung, Gesundheit usw. Bei den Beteiligungsrechten geht es um die Mitwirkung der Kinder für ihre eigenen Angelegenheiten. Der Kinderwille und die Meinung des Kindes soll Gehör finden (vgl. Wabnitz 2023: 74 f.).

Aus den Kinderrechten ergeben sich für alle Bildungseinrichtungen Pflichten, die es zu erfüllen gilt.

Exkurs: Perspektive Menschenrechte

„Chancen guten Ganztags für Kinder im Grundschulalter: menschenrechtliche Perspektiven“
Rechtsgutachten von Dr. Friederike Wapler, Professorin für Rechtsphilosophie und Öffentliches Recht an der Universität Mainz

1. Diskriminierungsverbote/Chancengleichheit/Inklusion

- Schulische und außerschulische Angebote der Ganztagsbetreuung

müssen aktive Maßnahmen ergreifen, um Diskriminierungen und Gewalt vorzubeugen. Zudem dürfen sie selbst keine gesellschaftlichen Ungleichheiten verursachen oder verfestigen.
- Gleichberechtigter Zugang und Barrierefreiheit sind verbindliche Vorgaben auch für außerunterrichtliche Angebote. Dies betrifft auch Kinder, die sich in einem Asylverfahren befinden oder bei uns geduldet sind.

2. Recht auf Leben und Entwicklung
- Der Staat kann seine völkerrechtlichen Staatenpflichten über eigene Einrichtungen oder über die Förderung freier Träger erfüllen.
- Im Schulalltag ist die Gesundheit der Schüler:innen zu achten und zu fördern – etwa durch hochwertige Verpflegung, regelmäßige Bewegungsangebote und qualitativ gestaltete Außenflächen. Zum Schutz der Kinder muss ausreichend qualifiziertes Personal beschäftigt werden.
- Ganztagsangebote sollten Teil kommunaler Präventionsketten sein. Kooperationspflichten beteiligter Einrichtungen und Dienste sollten in die Ausgestaltung des Rechtsanspruchs auf Ganztagsbetreuung aufgenommen werden.
- Grundschulen müssen neben der Wissensvermittlung vielfältige Anregungen und Erfahrungen vermitteln mit dem Ziel der Förderung der individuellen Persönlichkeit. Hierzu zählen Verfahren der aktiven Beteiligung, Wahlmöglichkeiten und Gewährung von Freiräumen.

3. Recht auf Beteiligung
- Freiräume der Ganztagsbetreuung zur Weiterentwicklung partizipativer Beteiligungsformen sind zu nutzen – etwa hinsichtlich Zeitstruktur, Projektthemen, Lernmethoden, Einrichtungsgestaltung. Hierfür sind bei allen Beteiligten im Ganztag Beteiligungskompetenzen zu entwickeln, zu stärken und fortzubilden. Ein Beschwerdemanagement ist niedrigschwellig einzuführen.

4. Das Kindeswohlprinzip
- „Kindeswohl" ist nicht die persönliche Auffassung darüber, „was gut für Kinder ist", sondern wird entlang der Kinderrechte ermittelt.
- Das Kindeswohlprinzip sollte selbstverständlich sein. Es richtet sich an den Gesetzgeber einen Rechtsrahmen zu stellen, der in der Abwägung unterschiedlicher Interessen das Wohl der Grundschüler:innen vorrangig berücksichtigt (vgl. Wapler 2020).

Nationales Recht

Das **Grundgesetz (GG)** ist die bestimmende Rechtsnorm für Bildung, Betreuung und Erziehung von Kindern und Jugendlichen. Zuallererst gilt: „Die Würde des Menschen ist unantastbar. Sie zu achten und zu schützen ist Verpflichtung aller staatlichen Gewalt." Artikel 6 zeigt das natürliche Recht der Eltern für die Erziehung der Kinder. In Artikel 7 GG, steht, dass das Schulwesen unter der Aufsicht des Staates liegt.

Die **Konvention über die Rechte von Menschen mit Behinderungen** (im Folgenden: „Behindertenrechtskonvention") wurde am 13. Dezember 2006 von der UN-Generalversammlung verabschiedet und trat am 3. Mai 2006 völkerrechtlich in Kraft. Seit dem 1. Januar 2009 gilt sie auch in Deutschland.

Die Kindertagesbetreuung ist Teil der Kinder- und Jugendhilfe und findet ihre rechtliche Grundlage im **Sozialgesetzbuch VIII** in den Paragrafen 22–26 des Kinder- und Jugendhilfegesetzes. Das Kinder- und Jugendhilfegesetz (KJHG) ist stark von der UN-Kinderrechtskonvention und der darin enthaltenden Philosophie der Wertschätzung von Kindern geprägt. Für den Betrieb einer Kindertageseinrichtung sind im Sozialgesetzbuch VIII die Grundlagen formuliert.

„Das Leitmotiv für das SGB VIII beinhaltet dessen § 1 Abs. 1, ergänzt um den Absatz 3, dass jeder junge Mensch ‚ein Recht auf Förderung seiner Entwicklung und auf Erziehung zu einer eigenverantwortlichen und gemeinschaftsfähigen Persönlichkeit' hat. Diese zweifache – individuelle wie soziale – Zielsetzung der Kinder- und Jugendhilfe zieht sich gleichsam wie ein roter Faden durch das gesamte SGB VIII" (Wabnitz 2023: 76 f.). Das Bundesrecht wird ergänzt durch das Landesrecht der 16 Bundesländer.

Das **Bundeskinderschutzgesetz** gilt für alle Kinder und Jugendlichen, regelt den umfassenden, aktiven Kinderschutz in Deutschland und basiert auf den beiden Säulen Prävention und Intervention. Außerdem stärkt es alle Akteure, die sich für das Wohlergehen von Kindern engagieren – angefangen bei den Eltern, über den Kinderarzt oder die Hebamme bis hin zum Jugendamt oder Familiengericht. Das Gesetz schließt Lücken im Kinderschutz, indem es Erkenntnisse aus dem Aktionsprogramm „Frühe Hilfen" und seinen vielfältigen Projekten aufgreift und damit die Nachhaltigkeit der in diesem Kontext von Bund, Ländern und Kommunen unternommenen Anstrengungen im Kinderschutz sichert (Bundeskinderschutzgesetz unter www.bmfsf.de).

Schulgesetze in den Bundesländern

Durch die föderalistische Bildungspolitik ist der Rahmen für die Ganztagsschule im jeweiligen Schulgesetz geregelt.

Beispiel Baden-Württemberg:

§ 4a
Ganztagsschulen an Grundschulen sowie den Grundstufen der sonderpädagogischen Bildungs- und Beratungszentren mit Förderschwerpunkt Lernen

(1) Ganztagsschulen an Grundschulen sowie den Grundstufen der sonderpädagogischen Bildungs- und Beratungszentren mit Förderschwerpunkt Lernen fördern die Schüler individuell und ganzheitlich und stärken sie in ihrer Persönlichkeitsentwicklung und im sozialen Miteinander. Sie verbinden an drei oder vier Tagen der Woche mit sieben oder acht Zeitstunden in einer rhythmisierten Tagesstruktur Unterricht, Übungsphasen und Förderzeiten, Bildungszeiten, Aktivpausen und Kreativzeiten zu einer pädagogischen und organisatorischen Einheit. Dabei sollen sie mit außerschulischen Partnern zusammenarbeiten …

Beispiel Saarland:

§ 5a
Ganztagsschulen

(1) Schulen aller Schulstufen und Schulformen können im Rahmen der vorhandenen schulorganisatorischen, personellen und sächlichen Möglichkeiten als Ganztagsschulen geführt werden, wenn im Einzelfall hierfür ein öffentliches Bedürfnis besteht oder von der Schulaufsichtsbehörde ein besonderes pädagogisches Interesse anerkannt wird. Die Entscheidung über die Errichtung einer Ganztagsschule oder über die Änderung einer bestehenden Schule in eine Ganztagsschule trifft die Schulaufsichtsbehörde auf Antrag des Schulträgers.
Die im Ganztagsbetrieb zu führenden Förderschulen mit den Förderschwerpunkten geistige Entwicklung, körperliche und motorische Entwicklung, Sehen und Hören sind keine Ganztagsschulen im Sinne dieser Vorschrift.

(2) In der Ganztagsschule werden im Rahmen des nach diesem Gesetz geltenden Unterrichts- und Erziehungsauftrags der Schule die Unterrichts- und Erziehungsziele der jeweiligen Schulform verwirklicht. Der nach der Stundentafel für die betreffende Schulform zu erteilende Unterricht wird auf den Vor- und Nachmittag

verteilt. Neben dem Unterricht bestehen außerunterrichtliche Angebote, aus denen die Schülerin oder der Schüler im Rahmen vorgegebener Wahlmöglichkeiten auszuwählen hat. Es ist auch möglich, den nach der Stundentafel zu erteilenden Unterricht für die betreffende Schule oder einzelne Teile der Schule auf den Vormittag zu beschränken und für den Nachmittag nur außerunterrichtliche Angebote vorzusehen. Auch im Bereich der Pflichtschulen ist der Besuch von Ganztagsschulen freiwillig. Das gilt nicht für die gemäß Absatz 1 Satz 3 im Ganztagsbetrieb zu führenden Förderschulen.

(3) In der Ganztagsschule ermöglichen es die Organisation des Unterrichts und die außerunterrichtlichen Angebote,

1. die Betreuung der Schülerinnen und Schüler für die Dauer des Ganztagsbetriebs zu gewährleisten,
2. durch künstlerische, handwerkliche, sportliche und spielerische Betätigung in besonderer Weise die persönlichen Interessen der Schülerinnen und Schüler anzuregen und ihre Begabungen und Fähigkeiten zu fördern,
3. das im Unterricht Gelernte verstärkt einzuüben und zu vertiefen,
4. den sozialen Erfahrungsaustausch der Schülerinnen und Schüler in besonderer Weise zu erweitern,
5. Schülerinnen und Schüler und Erziehungsberechtigte besser zu beteiligen und zu beraten sowie
6. die Begegnung der Schule mit ihrem kulturellen, sozialen, wirtschaftlichen und politischen Umfeld in besonderer Weise zu fördern.

(4) Die Schulaufsichtsbehörde wird ermächtigt, durch Rechtsverordnung insbesondere zu regeln:

1. die für den Betrieb der Ganztagsschulen nach Art und Umfang erforderliche räumliche, sächliche und personelle Ausstattung,
2. Grundsätze für die Organisation und das unterrichtliche wie außerunterrichtliche Angebot der Ganztagsschule, den Umfang des Pflichtaufenthalts und der Teilnahmeverpflichtung der Schülerin oder des Schülers (Pflicht-, Wahlpflicht- oder Wahlveranstaltungen) sowie über eine etwaige Betreuung der Schülerinnen und Schüler vor Schulbeginn und nach Schulschluss und
3. das Verfahren der Festlegung der Einzelheiten des Betriebs der einzelnen Ganztagsschule und der erforderlichen Zusammenarbeit insbesondere von Schul- und Jugendhilfebehörden.

Rechtsanspruch auf Ganztagsbetreuung

Ab dem Jahr 2026 gilt der Rechtsanspruch auf Ganztagsbetreuung für Kinder im Grundschulalter. Das Gesetz beinhaltet die stufenweise Einführung. Ab August 2026 sollen zunächst alle Kinder der ersten Klassenstufe einen Anspruch darauf haben, ganztägig gefördert zu werden. Der Anspruch soll in den Folgejahren um je eine Klassenstufe ausgeweitet werden, damit ab August 2029 jedes Grundschulkind der Klassenstufen 1 bis 4 einen Anspruch auf ganztägige Betreuung hat (Ganztagesförderungsgesetz – GaFöG: BMFSJ 2021).

Der Rechtsanspruch wird im Achten Sozialgesetzbuch (SGB VIII) geregelt und sieht einen Betreuungsumfang von acht Stunden an allen fünf Werktagen vor. Die Unterrichtszeit wird angerechnet. Der Rechtsanspruch soll auch in den Ferien gelten, dabei können die Länder eine Schließzeit bis maximal vier Wochen regeln. Eine Pflicht, das Angebot in Anspruch zu nehmen, gibt es nicht.

In § 24 Abs. 4 SGB VIII ab 01.08.2026 ist der Rechtsanspruch geregelt: „Ein Kind, das im Schuljahr 2026/27 oder in den folgenden Schuljahren die erste Klassenstufe besucht, hat ab dem Schuleintritt bis zum Beginn der fünften Klassenstufe einen Anspruch auf Förderung in einer Tageseinrichtung. Der Anspruch besteht an Werktagen im Umfang von acht Stunden täglich. Der Anspruch des Kindes auf Förderung in Tageseinrichtungen gilt im zeitlichen Umfang des Unterrichts sowie der Angebote der Ganztagsgrundschulen, einschließlich der offenen Ganztagsgrundschulen, als erfüllt. Landesrecht kann eine Schließzeit der Einrichtung im Umfang von bis zu vier Wochen im Jahr während der Schulferien regeln. Über den vom Anspruch umfassten zeitlichen Umfang nach Satz 2 hinaus ist ein bedarfsgerechtes Angebot in Tageseinrichtungen vorzuhalten; dieser Umfang der Förderung richtet sich nach dem individuellen Bedarf. Absatz 3 Satz 3 gilt entsprechend."

Der Rechtsanspruch auf Ganztagsbetreuung für Grundschulkinder soll sowohl in Horten als auch in offenen und gebundenen Ganztagsschulen erfüllt werden. Dafür müssen noch mehr als 800.000 zusätzliche Plätze geschaffen werden" (BMFSFJ – Gesetz zur ganztägigen Förderung von Kindern im Grundschulalter).

Um diese Betreuung zu gewährleisten sind verschiedene Formate bereits in Deutschland vorhanden:

- Horte nach § 22 Absatz 2SGB VIII

- Ganztagsschule mit offiziell drei Formen: **voll gebunden**, alle Kinder sind verpflichtet, an mindestens drei Wochentagen für jeweils mindestens sieben Zeitstunden an den ganztägigen Angeboten der Schule teilzunehmen (KMK

2021:5). Der Tag ist rhythmisiert in Unterricht und Freizeit. Die zweite Form ist die **teilweise gebundene**, hier verpflichtet sich ein Teil der Kinder an mindestens drei Wochentagen für jeweils mindestens sieben Zeitstunden an den Angeboten teilzunehmen. Die **offene Form** bietet einzelnen Kinder ganztägige Angebote. Der Aufenthalt ist verbunden mit Bildungs- und Betreuungsangeboten in der Schule an mindestens drei Wochentagen im Umfang von täglich mindesten sieben Stunden. Die offene Ganztagsschule wird auch als additives Modell bezeichnet, weil der Unterricht kaum mit dem Nachmittag verzahnt ist.
Ganztagsangebote sind unter der Aufsicht und Verantwortung der Schulleitung organisiert und in enger Kooperation mit der Schulleitung durchgeführt und stehen in einem konzeptionellen Zusammenhang mit dem Unterricht.

- Andere Betreuungsangebote wie zum Beispiel die Schulkindbetreuung in Baden-Württemberg: Diese Schulkindbetreuung befindet sich in einem gesetzlichen Graubereich und wird per Verwaltungsvorschriften geregelt.

Hinweis

Die Kunst der Kooperation
„In den bestehenden Formen des schulischen Ganztags mit einer Vielzahl von Akteur:innen, Partner:innen und der wohl steigenden Zahl der Kooperationen mit Einrichtungen der öffentlichen Jugendhilfe machen Kooperationsvereinbarungen und die Etablierung von regelmäßigen Besprechungen Sinn. Gelingensfaktoren auf Basis praktischer Erfahrungen:

- gegenseitige Wertschätzung
- Kenntnis über die Tätigkeitsfelder des Partners (Kenntnis über die Möglichkeiten und Grenzen des Angebotes von Jugendhilfe und Schulsystem)
- Kommunikation auf Augenhöhe
- **keine Einbahnstraßen bauen!** (Haendl 2023: 98, Hervorheb. U.G.).

Überblick über die gesetzlichen Grundlagen

Artikel 1 Absatz 1 und 2 GG	Die Würde des Menschen ist unantastbar. Sie zu achten und zu schützen ist Verpflichtung aller staatlichen Gewalt. (1) Das deutsche Volk bekennt sich darum zu unverletzlichen und unveräußerlichen Menschenrechten als Grundlage jeder menschlichen Gemeinschaft, des Friedens und der Gerechtigkeit in der Welt.
Artikel 6 GG	Ehe und Familie stehen unter dem besonderen Schutze der staatlichen Ordnung. (1) Pflege und Erziehung der Kinder sind das natürliche Recht der Eltern und die zuvörderst ihnen obliegende Pflicht. Über ihre Betätigung wacht die staatliche Gemeinschaft. (2) Gegen den Willen der Erziehungsberechtigten dürfen Kinder nur aufgrund eines Gesetzes von der Familie getrennt werden, wenn die Erziehungsberechtigten versagen oder wenn die Kinder aus anderen Gründen zu verwahrlosen drohen.
Artikel 6 GG	Jede Mutter hat Anspruch auf den Schutz und die Fürsorge der Gemeinschaft. (1) Den unehelichen Kindern sind durch die Gesetzgebung die gleichen Bedingungen für ihre leibliche und seelische Entwicklung und ihre Stellung in der Gesellschaft zu schaffen wie den ehelichen Kindern.
Artikel 7 GG	(1) Das gesamte Schulwesen steht unter der Aufsicht des Staates. (2) Die Erziehungsberechtigten haben das Recht, über die Teilnahme des Kindes am Religionsunterricht zu bestimmen.
Sozialgesetzbuch VIII	**Förderung von Kindern in Tageseinrichtungen und in Kindertagespflege** § 22 Grundsätze der Förderung § 22a Förderung in Tageseinrichtungen § 23 Förderung in Kindertagespflege § 24 Anspruch auf Förderung in Tageseinrichtungen und in Kindertagespflege § 25 Unterstützung selbst organisierter Förderung von Kindern § 26 Landesrechtsvorbehalt
§ 1 SGB VIII	Jeder junge Mensch hat ein Recht auf Förderung seiner Entwicklung und auf Erziehung zu einer eigenverantwortlichen und gemeinschaftsfähigen Persönlichkeit.

	(1) Pflege und Erziehung der Kinder sind das natürliche Recht der Eltern und die zuvörderst ihnen obliegende Pflicht. Über ihre Betätigung wacht die staatliche Gemeinschaft. (2) Jugendhilfe soll zur Verwirklichung des Rechts nach Absatz 1 insbesondere 1. junge Menschen in ihrer individuellen und sozialen Entwicklung fördern und dazu beitragen, Benachteiligungen zu vermeiden oder abzubauen, 2. Eltern und andere Erziehungsberechtigte bei der Erziehung beraten und unterstützen, 3. Kinder und Jugendliche vor Gefahren für ihr Wohl schützen, 4. dazu beitragen, positive Lebensbedingungen für junge Menschen und ihre Familien sowie eine kinder- und familienfreundliche Umwelt zu erhalten oder zu schaffen.
§ 22 Grundsätze der Förderung	Tageseinrichtungen sind Einrichtungen, in denen sich Kinder für einen Teil des Tages oder ganztägig aufhalten und in Gruppen gefördert werden. Kindertagespflege wird von einer geeigneten Tagespflegeperson in ihrem Haushalt oder im Haushalt des Personensorgeberechtigten geleistet. Das Nähere über die Abgrenzung von Tageseinrichtungen und Kindertagespflege regelt das Landesrecht. Es kann auch regeln, dass Kindertagespflege in anderen geeigneten Räumen geleistet wird. (1) Tageseinrichtungen für Kinder und Kindertagespflege sollen 1. die Entwicklung des Kindes zu einer eigenverantwortlichen und gemeinschaftsfähigen Persönlichkeit fördern, 2. die Erziehung und Bildung in der Familie unterstützen und ergänzen, 3. den Eltern dabei helfen, Erwerbstätigkeit und Kindererziehung besser miteinander vereinbaren zu können. (3) Der Förderungsauftrag umfasst Erziehung, Bildung und Betreuung des Kindes und bezieht sich auf die soziale, emotionale, körperliche und geistige Entwicklung des Kindes. Er schließt die Vermittlung orientierender Werte und Regeln ein. Die Förderung soll sich am Alter und Entwicklungsstand, den sprachlichen und sonstigen Fähigkeiten, der Lebenssituation sowie den Interessen und Bedürfnissen des einzelnen Kindes orientieren und seine ethnische Herkunft berücksichtigen. (4) Für die Erfüllung des Förderungsauftrags nach Absatz 3 sollen geeignete Maßnahmen zur Gewährleistung der Qualität der Förderung von Kindern in Tageseinrichtungen und in der Kindertagespflege weiterentwickelt werden. Das Nähere regelt das Landesrecht.

§ 22a Förderung in Tageseinrichtungen	Die Träger der öffentlichen Jugendhilfe sollen die Qualität der Förderung in ihren Einrichtungen durch geeignete Maßnahmen sicherstellen und weiterentwickeln. Dazu gehören die Entwicklung und der Einsatz einer pädagogischen Konzeption als Grundlage für die Erfüllung des Förderungsauftrags sowie der Einsatz von Instrumenten und Verfahren zur Evaluation der Arbeit in den Einrichtungen. (1) Die Träger der öffentlichen Jugendhilfe sollen sicherstellen, dass die Fachkräfte in ihren Einrichtungen zusammenarbeiten 1. mit den Erziehungsberechtigten und Tagespflegepersonen zum Wohl der Kinder und zur Sicherung der Kontinuität des Erziehungsprozesses, 2. mit anderen kinder- und familienbezogenen Institutionen und Initiativen im Gemeinwesen, insbesondere solchen der Familienbildung und -beratung, 3. mit den Schulen, um den Kindern einen guten Übergang in die Schule zu sichern und um die Arbeit mit Schulkindern in Horten und altersge- mischten Gruppen zu unterstützen. Die Erziehungsberechtigten sind an den Entscheidungen in wesentlichen Angelegenheiten der Erziehung, Bildung und Betreuung zu beteiligen. (3) Das Angebot soll sich pädagogisch und organisatorisch an den Bedürfnissen der Kinder und ihrer Familien orientieren. Werden Einrichtungen in den Ferienzeiten geschlossen, so hat der Träger der öffentlichen Jugendhilfe für die Kinder, die nicht von den Erziehungsberechtigten betreut werden können, eine anderweitige Betreuungsmöglichkeit sicherzustellen. (4) Kinder mit und ohne Behinderung sollen, sofern der Hilfebedarf dies zulässt, in Gruppen gemeinsam gefördert werden. Zu diesem Zweck sollen die Träger der öffentlichen Jugendhilfe mit den Trägern der Sozialhilfe bei der Planung, konzeptionellen Ausgestaltung und Finanzierung des Angebots zusammenarbeiten. (5) Die Träger der öffentlichen Jugendhilfe sollen die Realisierung des Förderungsauftrags nach Maßgabe der Absätze 1 bis 4 in den Einrichtungen anderer Träger durch geeignete Maßnahmen sicherstellen.
§ 24 SGB VIII Anspruch auf Förderung	(1) Ein Kind, das das erste Lebensjahr noch nicht vollendet hat, ist in einer Einrichtung oder in Kindertagespflege zu fördern, wenn 1. diese Leistung für seine Entwicklung zu einer eigenverantwortlichen und gemeinschaftsfähigen Persönlichkeit geboten ist oder 2. die Erziehungsberechtigten a) einer Erwerbstätigkeit nachgehen, eine Erwerbstätigkeit aufnehmen oder Arbeit suchend sind, b) sich in einer beruflichen Bildungsmaßnahme, in der Schulausbildung oder Hochschulausbildung befinden oder

	c) Leistungen zur Eingliederung in Arbeit im Sinne des Zweiten Buches erhalten. (4) Für Kinder im schulpflichtigen Alter ist ein bedarfsgerechtes Angebot in Tageseinrichtungen vorzuhalten. Absatz 1 Satz 3 und Absatz 3 Satz 3 gelten entsprechend
§ 35 SGB VII	Eingliederungshilfe für seelische behinderte oder von einer solchen Behinderung bedrohte Kinder und Jugendliche
§ 45 SGB VIII Erlaubnis für den Betrieb einer Einrichtung	(1) Der Träger einer Einrichtung, in der Kinder oder Jugendliche ganztägig oder für einen Teil des Tages betreut werden oder Unterkunft erhalten, bedarf für den Betrieb der Einrichtung der Erlaubnis. Einer Erlaubnis bedarf nicht, wer 1. eine Jugendfreizeiteinrichtung, eine Jugendbildungseinrichtung, eine Jugendherberge oder ein Schullandheim betreibt, 2. ein Schülerheim betreibt, das landesgesetzlich der Schulaufsicht untersteht, 3. eine Einrichtung betreibt, die außerhalb der Jugendhilfe liegende Aufgaben für Kinder oder Jugendliche wahrnimmt, wenn für sie eine entsprechende gesetzliche Aufsicht besteht oder im Rahmen des Hotel- und Gaststättengewerbes der Aufnahme von Kindern oder Jugendlichen dient. (2) Die Erlaubnis ist zu erteilen, wenn das Wohl der Kinder und Jugendlichen in der Einrichtung gewährleistet ist. Dies ist in der Regel anzunehmen, wenn 1. die dem Zweck und der Konzeption der Einrichtung entsprechenden räumlichen, fachlichen, wirtschaftlichen und personellen Voraussetzungen für den Betrieb erfüllt sind, 2. die gesellschaftliche und sprachliche Integration und ein gesundheitsförderliches Lebensumfeld in der Einrichtung unterstützt werden sowie die gesundheitliche Vorsorge und die medizinische Betreuung der Kinder und Jugendlichen nicht erschwert werden sowie 3. zur Sicherung der Rechte von Kindern und Jugendlichen in der Einrichtung geeignete Verfahren der Beteiligung sowie der Möglichkeit der Beschwerde in persönlichen Angelegenheiten Anwendung finden. (3) Zur Prüfung der Voraussetzungen hat der Träger der Einrichtung mit dem Antrag 1. die Konzeption der Einrichtung vorzulegen, die auch Auskunft über Maßnahmen zur Qualitätsentwicklung und -sicherung gibt, sowie 2. im Hinblick auf die Eignung des Personals nachzuweisen, dass die Vorlage und Prüfung von aufgabenspezifischen Ausbildungsnachweisen sowie von Führungszeugnissen nach § 30 Absatz 5 und § 30a Absatz 1

	des Bundeszentralregistergesetzes sichergestellt sind; Führungszeugnisse sind von dem Träger der Einrichtung in regelmäßigen Abständen erneut anzufordern und zu prüfen.
§ 8a SGB VIII	**Kinderschutz und Kindeswohl** Der gesetzliche Auftrag verpflichtet pädagogische Fachkräfte und Träger, das Kindeswohl zu schützen.
§ 8b SGB VIII	Fachliche Beratung und Begleitung zum Schutz von Kindern und Jugendlichen, Anspruch auf Beratung.
§ 9 Nr. 3 SGB VIII	Förderung der Gleichberechtigung von Jungen und Mädchen
§ 79a SGB VIII Qualitätsentwicklung in der Kinder- und Jugendhilfe	Um die Aufgaben der Kinder- und Jugendhilfe nach § 2 zu erfüllen, haben die Träger der öffentlichen Jugendhilfe Grundsätze und Maßstäbefür die Bewertung der Qualität sowie geeignete Maßnahmen zu ihrer Gewährleistung für 1. die Gewährung und Erbringung von Leistungen, 2. die Erfüllung anderer Aufgaben, 3. den Prozess der Gefährdungseinschätzung nach § 8a, 4. die Zusammenarbeit mit anderen Institutionen weiterzuentwickeln, anzuwenden und regelmäßig zu überprüfen. Dazu zählen auch Qualitätsmerkmale für die Sicherung der Rechte von Kindern und Jugendlichen in Einrichtungen und ihren Schutz vor Gewalt. Die Träger der öffentlichen Jugendhilfe orientieren sich dabei an den fachlichen Empfehlungen der nach § 85 Absatz 2 zuständigen Behörden und an bereits angewandten Grundsätzen und Maßstäben für die Bewertung der Qualität sowie Maßnahmen zu ihrer Gewährleistung.

Quelle: www.gesetze-im-internet.de/sgb_8/BJNR111630990.html.

Die wichtigsten Gesetzesgrundlagen können in der Konzeption in einem Fließtext zusammenfassend dargestellt werden. Oder Sie arbeiten mit einer Aufzählung und Stichworten, wie in unserer Tabelle.

In Ihrer Tabelle finden sich alle für Sie relevanten Inhalte. Hinzukommen kann auch noch das Thema Aufsichtspflicht (vgl. Haendl 2023: 101–106).

3. Konzeptionsbaustein II: Pädagogische Grundannahmen

In den pädagogischen Grundannahmen finden sich die Grundgedanken für die pädagogische Arbeit. Sie sind das Herzstück einer Konzeption. Statt „pädagogische Grundannahmen“ kann auch der Begriff **Orientierungsqualität** verwendet werden. Denn zu dieser Qualitätsdimension gehören unter anderem das pädagogische Fachwissen, die professionelle Haltung wie auch die konzeptionelle Ausrichtung, orientiert an den neuesten Erkenntnissen der Pädagogik, Psychologie, Entwicklungspsychologie und Neurobiologie. Für die Orientierungsqualität ist vor allem die professionelle Haltung bedeutsam. Darüber hinaus werden in der Konzeption auch die personalen Kompetenzen der pädagogischen Fachkräfte definiert. Die eigenen Wertungen und Stereotype werden reflektiert und die Ziele für die jeweiligen Inhalte verschriftlicht und somit bekannt und verbindlich.

In der Konzeption werden zuerst das Leitbild mit dem Bild vom Kind, entwicklunspsychologische Grundbedürfnisse, Definition Bildung und Erziehung, die professionelle Haltung und die Erziehungsziele in jeweils spezifischer Weise dargestellt. Die Erarbeitung zu den Grundannahmen Partizipation, Inklusion, zum Kindeswohl und zur Resilienz sind dann in der Darstellung gleich: Der Begriff an sich wird zuerst definiert (in 8 bis 10 überschaubaren Sätzen), anschließend werden Ziele dafür festgelegt und an circa drei aussagekräftigen Beispielen die Maßnahme oder auch Indikatoren aufgezeigt.

Abb. 5: Darstellungsprinzipien

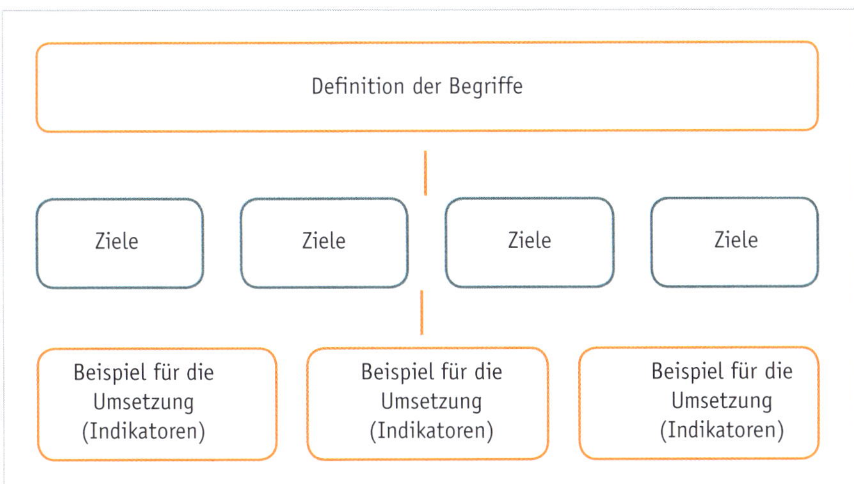

3.1 Leitbild – das Bild vom Kind

Nachdem geklärt ist, in welchem Format sich der Ganztag bewegt und sich die Akteur:innnen auf den Weg machen, ist es unabdingbar, gemeinsame Leitgedanken zu entwickeln, mit denen sich alle identifizieren. Denn ein Leitbild soll kein **Leidbild** sein, unter dem jemand leidet, geschweige denn ein **Leitzbild**, das in den Regalen verschwindet. Unter einem Leitbild versteht man eine schriftliche Erklärung über das Selbstverständnis der Organisation. Es enthält Visionen, Missionen und Werte. Es ist die Aufgabe, diese Werte und Visionen im Alltag zu leben und den Versprechungen Rechnung zu tragen.

Tipp

Das Seerosenmodell

Mit dem Seerosenmodell kann das Zusammenspiel von Verhalten, Einstellungen, Werten und Umfeldbedingungen ein besseres Verständnis für Verhalten herstellen. Die Wurzeln stehen für die Werte, das Menschenbild, das Motto des Hauses. Im Stiel finden sich die Einstellungen, das pädagogische Verständnis und die Beziehungen. Im Blatt und in der Blüte sind dann die Verhaltensweisen, Angebote und Umsetzungen zu sehen (vgl. Fialka 2011:7).

Exkurs

Leitgedanken für das pädagogische Handeln im Ganztag

2021 initiierte das DIPF (Leibniz-Institut für Bildungsforschung und Bildungsinformation) einen wissenschaftsgeleiteten Qualitätsdialog (QUAD), bei dem folgende Leitgedanken formuliert wurden:

- „Das Ganztagsteam sorgt dafür, dass sich die Kinder und Jugendlichen im Ganztag wohl- und sicher fühlen können.
- Das Ganztagsteam richtet die Gestaltung des Ganztags an der kinder- und jugendrechtlichen Perspektive aus und berücksichtigt dabei auch die Gesamtheit von Erziehung, Bildung und Betreuung nach dem SGB VIII.
- Mithilfe des Ganztags etabliert sich die Schule als vielseitiges Bildungs,- und Entfaltungs- und Unterstützungsangebot in der Biografie der Kinder und Jugendlichen.
- Im Ganztag werden Lernen und Kompetenzentwicklung gleichberechtigt zu Spiel und Spaß vorbereitet.
- Im Ganztagskonzept ist verankert, dass die Pädagog:innen die Kinder und Jugendlichen darin unterstützen, ihre Freiräume im Ganztag anzunehmen und aktiv zu nutzen.

- Im Ganztag herrscht ein fest verankerte Nulltoleranz gegenüber Mobbing sowie psychischer und physischer Gewalt. Das Ganztagsteam entwickelt ein effektives Verhalten, um diese Nulltoleranz durchzusetzen.
- Beteiligte aller Professionen planen und entwickeln die Konzeption des Ganztages gemeinsam weiter.
- Die Potenzial- und Kompetenzförderung sowie die Persönlichkeitsentwicklung von Kindern und Jugendlichen ist ein wichtiger Bezugspunkt der pädagogischen Arbeit im Ganztag.
- Die Kinder und Jugendlichen haben im Ganztag die Möglichkeit ihren Tag aktiv selbst zu gestalten und ihren Interessen nachzugehen.
- Die Pädagog:innen unterstützen die Kinder und Jugendlichen dabei, sich den Sozialraum mit all seinen Möglichkeiten und Herausforderungen zu erschließen – in angemessenem Tempo und Umfang“ (QUAD 2021c: 16–17)

Beispiel aus der Praxis

Leitgedanken der Schulkindbetreuung im Adolf-Reichwein-Bildungshaus Freiburg

„Du hast das Recht, genauso geachtet zu werden, wie ein Erwachsener,
Du hast das Recht, so zu sein wie du bist.
Du musst dich nicht verstellen und so sein, wie die Erwachsenen es wollen.
Du hast ein Recht auf den heutigen Tag,
jeder Tag deines Lebens gehört dir, keinem sonst.
Du, Kind, wirst nicht erst Mensch, du bist ein Mensch.“ – Janusz Korczak

In der Schulkindbetreuung steht das Kind im Mittelpunkt. All unsere Handlungen orientieren sich an dem Wohl des Kindes und dessen Bedürfnissen. Wir wenden uns diesem bedingungslos zu und achten sein Recht auf Autonomie. Dabei stehen die Fähigkeiten und die Ressourcen des Kindes im Vordergrund, denn diese zu fördern ist eines unserer obersten Ziele. Die Schulkindbetreuung ist ein Ort der Teilhabe für das Kind, wo es seine Lebenskompetenzen stärkt und Begegnungen erfährt, die es auf dem Weg zu einer selbstsicheren Persönlichkeit begleiten.

Das gemeinsame Bild vom Kind sollte ebenfalls Inhalt des Leitbildes sein, damit deutlich wird, wie das Sein eines Kindes gesehen wird.

Das Bild vom Kind

Noch vor 130 Jahren galten Kinder nicht als selbstbestimmte Wesen, die eigene Rechte hatten, sondern nur Pflichten. Sie waren Eigentum der Eltern. „Wer sein Kind liebt, der züchtigt es!" – Nach diesem Motto erzog die patriarchalische Gesellschaft der wilhelminischen Zeit Ende des 19. Jahrhunderts ihre Kinder: Zucht und Ordnung, Befehl und Gehorsam waren die Schlagworte, der Rohrstock ein gängiges Erziehungsinstrument. So wie sich die Gesellschaft wandelt, so wandeln sich auch die Erkenntnisse über Erziehung und Bildung. Ende des 19. und Anfang des 20. Jahrhunderts wehrten sich einige Pädagoginnen und Pädagogen gegen dieses Bild vom Kind und reformierten die bisherigen Erziehungsideale. Wegbereiter und Vertreter dieser Zeit sind unter anderem Johann Heinrich Pestalozzi (1746–1827), Maria Montessori (1870–1952), Elise Freinet (1898–1966) oder auch Alexander Sutherland Neill (1883–1973). Eventuell wurde die Schule bereits nach einer/m Pädagog:in benannt.

Um das Bild vom Kind in der Konzeption festhalten zu können, ist es sinnvoll, sich mit dem eigenen Menschenbild auseinanderzusetzen. Fragen Sie sich darüber hinaus: Welche theoretischen Erkenntnisse gibt es über das Lernen? Wie eignet sich das Kind die Welt an? Welche Entwicklungspsychologischen Bedürfnisse haben die Kinder mittleren Alters (siehe S. 48 f.). Welchen gesellschaftlichen Herausforderungen stehen Kinder gegenüber? Was sagen die Bildungspläne für Schule, Ganztag und Hort?

All diese Erkenntnisse werden zusammengetragen und zusammenfassend in die Konzeption aufgenommen.

METHODE ZUR ERARBEITUNG

Nachdem die Pädagog:innen zum Bild vom Kind bzw. vom Menschen recherchiert haben und die Ergebnisse zusammengetragen wurden, erfolgt eine Priorisierung zu den Konzepten bzw. das daraus resultierende Bild vom Kind, entsprechend den aktuellen wissenschaftlichen Erkenntnissen.

1. Jede Pädagogi:in sucht sich einen Satz, der beschreibt, welches Bild vom Kind sie in sich trägt. Oder sie beendet den Satz: „Ein Kind ist für mich wie ... oder „Ein Kind ist ..."
2. Jede Pädagog:in wählt zusätzlich ein Foto und/oder ein Zitat aus, das etwas über das Sein eines Menschen, eines Kindes aussagt.
3. Jede Pädagog:in formuliert einen Satz mit der Aussage, die sie in der Arbeit leitet.

Beispiel aus der Praxis

Abb. 6: Unser Bild vom Kind

„Jedes Kind zeigt seine wirkliche Richtung an."
(angelehnt an Antoine de Saint-Exupéry)

- Ein Kind ist einzigartig und individuell, eine Persönlichkeit mit Begabungen.
- Ein Kind ist bindungsfähig und braucht sie für seine Entwicklung.
- Ein Kind ist neugierig, wissbegierig und offen.
- Ein Kind ist aktiv und in Bewegung.
- Ein Kind hat Vertrauen und ist positiv.
- Ein Kind entdeckt und gestaltet.
- Ein Kind ist kreativ.

Das bedeutet für uns, jedes Kind kommt als kompetenter Lerner auf die Welt und will seine Welt erobern und gestalten und uns bleibt, das Kind auf seinem Weg zu begleiten.

Quelle: Konzeption Hort an der Talschule Weingarten

4. Alle Sätze, Fotos und Zitate werden im Plenum vorgestellt. Alle Beteiligten hören zu, werten nicht, sondern stellen bestenfalls Verständnisfragen.
5. Jede/r erhält nun Klebepunkte oder einen dicken Stift und markiert die Sätze oder Wörter, die er/sie im Leitbild haben möchte.
6. Diese Teilsätze oder auch Wörter werden in Kleingruppenarbeit zu ganzen Sätzen zusammengefasst. Dabei geht es zuerst einmal rein um den Inhalt und noch nicht um optimale Formulierungen, die kommen später.
7. Die erste Version ist nun entstanden und wird mit allen Beteiligten gelesen. Daraufhin bildet sich eine kleinere Gruppe, die Lust und Interesse am Schreiben hat, und beschäftigt sich mit den Ausformulierungen.

8. Um die Kinder in die Leitbildentwicklung einzubinden, könnten diese zum Beispiel befragt werden. Die Fragen könnten lauten: Was ist ein Kind? Was braucht ein Kind? Im Hort in Weingarten wurde dazu eine Malaktion gemacht und das entstandene Bild (s.o. Abb. 6) in die Konzeption aufgenommen.

Stichworte für die Erarbeitung

individuell – wissbegierig – neugierig – autonom – bindungs- und beziehungsbedürftig – will die Welt erobern – will kommunizieren – will mit anderen zusammen sein – ein soziales Wesen – im Hier und Jetzt – fantasievoll – Spiegel der Vorbilder – ahmt nach – lernt mit allen Sinnen – lernt aus Erfahrung – der Mensch ist die Gesamtheit seiner Erfahrungen – Akteur seiner Entwicklung, vorurteilsfrei, anpassungsfähig, einzigartig, lernen durch intrinsische Motivation, „ohne Beziehung keine Erziehung", lernt mit anderen – Ko-Konstruktion, lernt von Großen und Kleinen, hat seine eigenen Interessen und Themen, Zugehörigkeit und Selbstbestimmung

3.1.1 Kinder zwischen 6 und 12: alterstypische Bedürfnisse

Um die pädagogischen Inhalte weiterzuentwickeln, braucht es ein Besinnen auf die entwicklungspsychologischen Bedürfnisse der Kinder mittleren Alters.

Aktiv mitbestimmen und mitgestalten

Ein Grundbedürfnis von Kindern ist die Beteiligung (Partizipation). Sie möchten mitbestimmen und mitentscheiden. Oggi Enderlein, Diplom-Psychologin und Begründerin der „Initiative für Große Kinder e. V.", führt dies weiter aus und verbindet Partizipation mit Selbsttätigkeit, Autonomie, Verantwortungsübernahme und Freiwilligkeit (vgl. Enderlein 2023). Laut § 8 SGB VIII sind Kinder und Jugendliche „entsprechend ihrem Entwicklungsstand an allen sie betreffenden Entscheidungen der öffentlichen Jugendhilfe zu beteiligen". Als pädagogische Fachkraft ist es Ihre Aufgabe, die Kinder aktiv in die Gestaltung des Tages einzubeziehen. Denn Kinder wollen ihn auch aktiv mitgestalten, um sich als kompetent und selbstwirksam zu erleben und um weitere Fähigkeiten wie Konfliktlösung, Kommunikation und Kompromissbereitschaft zu lernen. Also alle Fähigkeiten, die wir als Soft Skills beschreiben und die in der Berufswelt enorm wichtig sind.

Selbstbestimmt (die Welt) erkunden

Wenn Erwachsene Kindern die Möglichkeit geben, selbstbestimmt ihre Umgebung zu erkunden, entwickeln sie viele Kompetenzen, die sie zu seelisch und körperlich starken Persönlichkeiten heranwachsen lassen. Wenn Kinder selbst bestimmen, was sie tun und nicht ständig Anleitung von Erwachsenen bekommen, dann lernen sie, was es heißt, Probleme zu lösen, Geschicklichkeit zu beweisen, zu improvisieren und kreativ zu sein. Sie als pädagogische Fachkraft oder generell als erwachsenes Vorbild ermöglichen es Kindern, innere Widerstandskräfte zu entwickeln. Diese unterstützen die Kinder in ihrem späteren Leben dabei, Krisen zu meistern und aus diesen gestärkt hervorzugehen. Kinder wollen das – geben Sie ihnen die Möglichkeit dazu.

Mit anderen Kindern beisammen sein

In dieser Lebensphase brauchen Kinder andere Kinder v. a. dafür, um eigene soziale Kompetenzen, wie z. B. Teamfähigkeit, Rücksichtnahme, Toleranz, Verlässlichkeit und Taktgefühl, weiterentwickeln zu können. Außerdem erproben sie die Regeln des sozialen Miteinanders, handeln Regeln und Sanktionen aus, streiten und vertragen sich wieder, integrieren und grenzen aus, wechseln Perspektiven und leisten Überzeugungsarbeit. Attribute wie Fairness, Respekt, Höflichkeit, Hilfsbereitschaft und Anstand gewinnen im Umgang mit Gleichaltrigen immer mehr an Bedeutung. Kinder brauchen Kinder. Idealerweise suchen sie sich ihre eigenen Freunde aus, auch unabhängig vom Alter, und sie wollen mit diesen dann auch Zeit verbringen – draußen, beim Essen und in der Freispielzeit. Könnte es denn nicht auch so aussehen, dass sich die Kinder aussuchen, mit wem sie Essen gehen und wo sie sitzen wollen? Denken Sie darüber nach, wie viel Frei- und erwachsenenfreien Raum Sie den Kindern Ihrer Einrichtung oder Schule ermöglichen und schenken Sie ihnen Vertrauen. Denn das ist die Voraussetzung, um sich mit den anderen Kindern sozial weiterzuentwickeln.

Freundschaften schließen

Wie sollte sich ein Freund/eine Freundin verhalten und wie nicht? Mit Fragen dieser Art beschäftigen sich Kinder in der mittleren Kindheit besonders. Freunde dienen zur Moralentwicklung und zur Identitätsbildung, deshalb sind Freundschaften für die gesunde Entwicklung von tiefer Bedeutung und dafür benötigen Kinder „Platz im Alltag“. Das bedeutet konkret: Sie brauchen Zeit und Raum, um sich mit ihren Freunden zu treffen, mit ihnen zu diskutieren und im gemeinsamen Spiel das reale Leben zu erproben. Dies ermöglicht es Kindern, weitere Kompetenzen, wie bspw. Empathie, zu entwickeln.

Sich bewegen und Geschicklichkeit beweisen
Kinder zwischen acht und zwölf Jahren bewegen sich am meisten. Der Drang nach Bewegung unterstützt ihren Muskelaufbau, um den größeren und schwerer werdenden Körper zu stabilisieren. Ausreichende Möglichkeiten zur körperlichen Bewegung beugen Krankheitsrisiken vor. Bewegung fördert den Abbau von Stresshormonen und trägt zur emotionalen Ausgeglichenheit bei. Außerdem stärkt sie die Motivation, die Konzentration und das Durchhaltevermögen. Viele unterschiedliche, selbstbestimmte Bewegungsmöglichkeiten reduzieren letztlich auch Unfallrisiken. Aufgrund dieses Wissens sollte es selbstverständlich sein, dass der Tag so viel Bewegung wie möglich enthält und die Räume dementsprechend gestaltet sind – z. B. mit weniger Tischen, sodass Platz für Bewegung entsteht. Eine halbe Stunde draußen zu sein, reicht Kindern in diesem Alter bei weitem nicht aus (vgl. Glöckner 2020: 9 f.).

3.2 Professionelle Haltung – Was ist das?

„Eine professionelle Haltung ist ein hoch individualisiertes (d. h. individuelles, idiosynkratisches) Muster von Einstellungen, Werten, Überzeugungen, das durch einen authentischen Selbstbezug und objektive Selbstkompetenzen zustande kommt, die wie ein innerer Kompass die Stabilität, Nachhaltigkeit und Kontextsensibilität des Urteilens und Handelns ermöglicht" (Kuhl et al. 2014: 107).

Zur Orientierungsqualität gehören definitiv die Einstellungen der pädagogischen Fachkraft, denn die Haltung ist entscheidend für das pädagogische Handeln. „Mit dem Terminus professionelle Haltung sind (...) konkret Orientierungsmuster im Sinn von handlungsleitenden (ethisch-moralischen) Wertorientierungen, Normen, Deutungsmustern und Einstelllungen gemeint, die pädagogische Fachkräfte in ihre Arbeit und Gestaltung der Beziehungen einbringen. Das Bild vom Kind und das eigene professionelle Rollen- und Selbstverständnis gehören im Kern zu dieser Haltung" (Nentwig-Gesemann et al. 2011: 10).

Professionelles Handeln zeigt sich an drei wesentlichen Faktoren (siehe Abb. 7):

1. im sogenannten Anwendungswissen oder auch **impliziten Wissen,** dem angeeigneten Wissen aus Erfahrungen;
2. im **expliziten Wissen,** dem Fachwissen, dem wissenschaftlichen, forschungsbasierten Wissen;
3. **im reflexiven Wissen,** dem Wissen zwischen Anwendungs- und theoretischem Wissen und der Reflexion über die eigene Biografie.

Abb. 7: Professionelle Kompetenz

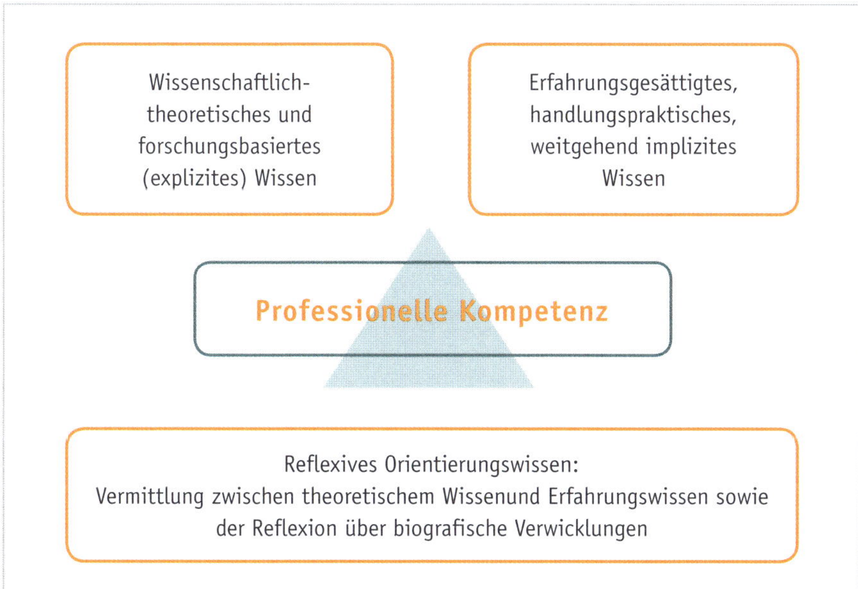

Quelle: Eigene Darstellung, nach Fröhlich-Gildhoff et al. 2011

„In Alltagssituationen wünschen Kinder sich freundliche und nahbare pädagogische Fachkräfte, mit denen sie in resonanten, also sich wechselseitig anregenden und wertschätzenden, Beziehungen interagieren können" (Walther et al. 2021: 45).

Wissenschaftlich bestätigt sind Erkenntnisse um die Wirkung der responsiven Haltung von Fachkräften auf kindliches Explorationsverhalten. Je professioneller ihr Antwortverhalten, desto explorativer das Kind. Regina Remsperger-Kehm (2011) spricht hier von sensitiver Responsivität, die sich auf die Fachkraft-Kind-Beziehung bezieht. Dorothee Gutknecht (2012) hat den Begriff der professionellen Responsivität geprägt, der die Feinfühligkeit des Handelns der pädagogischen Fachkräfte auch hinsichtlich der Eltern und des Teams miteinbezieht.

Sensitive Responsivität ist zu erkennen an der Promptheit der Reaktion einer Pädagog:in auf das Kind, dem Erkennen und der Interpretation der Signale des Kindes, dem Umgang mit den Emotionen des Kindes und der generellen Wertschätzung des Kindes. Die Fachkraft stellt zum Beispiel offene Fragen und spiegelt das Verhalten des Kindes. Die professionelle Responsivität zeigt sich sowohl im reflexiven als auch im kultursensiblen Verhalten einer Pädagog:in. Sie zeigt Vertrautheit, Ebenbürtigkeit, Hilfe bei Konflikten. Kinder schätzen ein Setting, das nicht geprägt ist von Hierarchien, sondern von informeller, familienähnlicher Beziehungsgestaltung.

Wenn davon ausgegangen wird, dass das Kind sich die Welt konstruiert, dann ist die Konsequenz daraus, dass die Pädagog:innen die Umgebung des Kindes immer wieder mit neuen Herausforderungen vorbereiten. Sie begeben sich in die Ko-Konstruktion mit dem Kind und schaffen Möglichkeiten, dass es sich entfalten und eigene Lösungen finden kann. Das Kind braucht Aufgaben, an denen es wachsen kann, die die Fachkraft auf der Grundlage ihrer Beobachtungen zur Verfügung stellt. Und das Kind braucht eine Fachkraft, die sich auf immer wieder neue und sich verändernde Interaktionen mit dem Kind einlässt und stets den emotionalen Zugang zum Kind finden will.

Die pädagogische Fachkraft regelt, abhängig vom Kontext, Nähe und Distanz und reflektiert stetig ihr Verhalten gegenüber dem Kind. Diese Reflexion ist auch in die Teambesprechungen integriert. Die Fachkraft drückt sich verbal und nonverbal aus und signalisiert Interesse am Kind und seinem Tun. Das Kind und die Fachkraft denken gemeinsam nach (sustained shared thinking), ein Prozess, der sich als nachhaltig erweist, da gemeinsam nach Lösungen gesucht wird. Die Gedanken des Kindes werden angeregt, Vernetzungen im Gehirn ermöglicht, und da das Gespräch auf Augenhöhe stattfindet, entstehen positive Gefühle. Je authentischer, echter, also kongruenter die Fachkraft sich zeigt, desto stärker reagiert das Kind. „Denn Kinder habe eine größere Kooperationsbereitschaft, wenn eine gute Beziehungsqualität zwischen ihnen und der Fachkraft besteht" (Weltzien 2016: 9).

Hinweis

Jede/r Pädagog:in muss für eine professionelle Haltung folgende Kernkompetenzen haben bzw. entwickeln:

- Biografische Kompetenz und Selbstreflexion
- Wissen über Methodik, Didaktik und entwicklungspsychologische Bedürfnisse usw.
- Ressourcenorientierung
- Empathie und Feinfühligkeit
- Offenheit und Wertschätzung für die Diversität
- Fähigkeit zur Freude an Interaktions- und Beziehungsgestaltung

Im Ganztag sind sich die Pädagog:innen ihrer jeweiligen Rollen bewusst. Die Haltung ist geprägt von Wertschätzung aller Akteur:innen im Ganztag. Die Kinder stehen im Mittelpunkt und nicht die Abläufe. Sie sind Vorbild und ermutigen Kinder, den Alltag zu meistern, orientiert an deren Stärken. Sie sind sich ihrer eigenen Vorurteile bewusst und stehen im kollegialen Austausch mit anderen.

METHODE ZUR ERARBEITUNG

Der **biografische Einstieg** bietet sich insbesondere zur Erarbeitung der professionellen Haltung an. Jedes Teammitglied nimmt sich genügend Zeit, um sich auf die folgenden Fragen einlassen zu können. Nach der Einzelarbeit findet ein Austausch mit einem Partner, einer Partnerin statt.

Mögliche Fragen lauten:
- Welches Verhalten von Erwachsenen hat mir besonders gutgetan? Wie habe ich mich dann als Kind verhalten?
- Woran konnte ich merken, dass mich diese Personen wertschätzen, dass sie mir vertrauten und mit etwas zutrauten? Wie hat sich das angefühlt?
- Welches Verhalten, welche Haltung hat mich begrenzt, hat mir Angst gemacht, hat mich verunsichert?
- Wann habe ich mich wie verhalten, weil ich es musste, und wie hat sich das dann angefühlt?

Die Erkenntnisse, die jede Pädagog:in für sich erhält, werden dann ins Plenum gegeben und als Stichworte – zum Beispiel: „Ich wurde ernst genommen", „Mir wurde zugehört" – auf einem Flipchart gesammelt. Auch hier gilt: Die Ergebnisse werden nicht diskutiert, sondern wertschätzend aufgenommen.

Ein **Rollenspiel** ist oftmals erkenntnisreicher als Überlegungen für sich alleine, da die Person sich in eine andere hineinversetzt und damit ein Perspektivwechsel vorgenommen wird. Das eigene Erleben im Spiel macht manches deutlicher.

Hier eignet sich folgende Vorgehensweise: Es bilden sich zwei Reihen. Jeweils zwei Fachkräfte stehen einander gegenüber. Die eine Person nimmt die Rolle des Kindes ein, die andere die der pädagogischen Fachkraft. Die Aufgabe lautet: Die Pädagog:in begrüßt das Kind am Morgen mit einer responsiven Haltung. Die Person, die das Kind spielt, denkt sich vorher aus, wie es in der Einrichtung ankommt: müde, aufgedreht, weinend, unkonzentriert etc. In der zweiten Runde werden die Rollen gewechselt.

Anschließend wird auf einem Flipchart zusammengetragen, welches Verhalten der Fachkraft dem Kind gutgetan hat. Auf diese Weise entsteht eine Sammlung von positiv empfundenem Verhalten, die mithilfe von weiteren Reflexionsfragen (vgl. Weltzien 2016: 51) im Plenum ergänzt werden kann:
- Kommen wir mit den Kindern in Alltagsroutinen (Begrüßung/Abschied, Mahlzeiten etc.) gut ins Gespräch?
- Können wir spontane Alltagsbeobachtungen zum Anlass nehmen, um Interaktionen mit einzelnen oder mehreren Kindern zu initiieren?

- Sind die Bildungsangebote und gemeinsamen Aktivitäten dialogisch gestaltet?
- Haben wir einen rhythmisierten Tagesablauf, in denen sich Zeiten intensiver Aktivität und Ruhephasen abwechseln?
- Sind Gruppenaktivitäten für alle beteiligten Kinder angemessen gestaltet?

Stichworte für die Erarbeitung

Fachwissen – Anwendungswissen – reflexive Haltung – die eigene Biografie – sensitive Responsivität – professionelle Haltung – fragend – angemessene Nähe und Distanz – interaktiv – empathisch – kongruent – abwartend – beobachtend – begeistend – zurückhaltend – angemessen – klar – verlässlich – weiß um eigene Stärken und Schwächen – kennt ihre Handlungsmotive – kann Feedback geben – fordert Feedback ein – ist bereit, sich zu entwickeln

3.3 Bildungs- und Erziehungsbegriff

Dieser Punkt ist mit einer der wichtigsten für die Konzeption. Idealerweise finden sich hier auch alle Akteur:innen im Ganztag wieder, um diesen Punkt gemeinsam zu erarbeiten.

Die Kinder verbringen den ganzen Tag in einer institutionellen Einrichtung, deshalb ist es unabdingbar, die Begriffe Bildung und Erziehung zu klären. Traditionell wird eher der Schule Bildung zugeordnet und außerschulischen Einrichtungen der Begriff Erziehung. Der Ganztag wird zum Lebensraum für die Kinder, und es braucht ein gemeinsames oder integriertes Bildungsverständnis.

Beispiel aus der Praxis

Aus der Konzeption der Alemannenschule-Wutöschingen
„Das Verständnis von ‚Lernen' hat sich radikal geändert und tradierte Schul- und Lernstrukturen sind – auch aus Sicht der Wissenschaft – nicht mehr zukunftsfähig.
Dieser Verantwortung stellen wir uns und entwickeln stetig unsere Schul- und Lernstrukturen weiter, um den sich ändernden Anforderungen an Schule gerecht zu werden."

In der Literatur finden wir die Begriffe formale und non-formale und informelle Bildung. Doch lassen sich diese Begriffe nicht immer den verschiedenen Institutionen zuordnen.

Die Schule kann als formaler Bildungsort definiert werden. Die Merkmale sind ein organisiertes, aufeinander aufbauendes und verpflichtendes Lernen, so wie es in den Bildungsplänen zu finden ist. Hingegen sind Charakteristika von non-formalen Bildungsorten, dass keine Leistungen geprüft oder zertifiziert werden. Wobei Organisationen wie Horte, Schulkindbetreuung auch organisierte Institutionen sind.

„In dem stark formalisierten Bildungskontext Schule lernen und bilden sich Kinder überwiegend formal, in strukturiert aufgebauten Inhalten und mit einer formalisierten Form. Das kann als formelles Lernen bezeichnet werden. Bildungsaktivitäten von Kindern enden jedoch bei Weitem nicht mit dem Ende der Unterrichtsstunde, sondern umfassen weitere Lernprozesse im Alltag eines Kindes. Diese können als informelles Lernen charakterisiert werden" (Plehn 2023b: 37).

Idealerweise gibt es keine Konkurrenz zwischen Bildungsorten und Bildungsformen, sondern es entsteht ein komplementärer Bildungsauftrag zwischen formalen und non-formalen Institutionen. Denn beide Einrichtungen bieten Kindern vielfältige und wichtige Entwicklungs- und Bildungsimpulse. Die jeweiligen Aufträge ergänzen sich, und zwar komplementär (Gaiser et al. 2017: 53). Um ein Gelingen im Ganztag zu erwirken, müssen Systemgrenzen unwichtig werden.

Es kann ein integriertes und erweitertes Bildungsverständnis geben. Es gibt verschiedene Angebote von Definitionen: „Bildung ist durchweg mit einer Vorstellung von der Selbsttätigkeit des Individuums verbunden. Sie ist etwas, was der Mensch selbst verwirklichen muss und kann nicht von außen erzeugt werden.

- Bildung vollzieht sich jedoch nur durch die Auseinandersetzung mit einer kulturellen Welt.
- Bildung hat einen umfassenden Anspruch. Sie integriert Handeln und Denken, Wissenschaft und Kunst oder können, Wissen und Ästhetik.
- Das Ergebnis hat etwas mit einer subjektiven Form zu tun, mit einer (Selbst-) Gestaltung, in der dieser umfassende Anspruch auf eine individuelle Weise immer wieder neu ausbalanciert wird" (Schäfer 2014: 13 f.).

Definitionen

Bildung ist „die Verknüpfung unseres Ichs mit der Welt“ (Humboldt). Dazu gehört, dass Kinder und Jugendliche die Welt und ihre eigene Position in ihr verstehen, darüber reflektieren können und verantwortungsvoll handlungsfähig werden. Kinder und Jugendliche haben einen Anspruch darauf, dass ihre Rechte geachtet werden, zu denen auch das Recht auf Bildung zählt (Thüringer Bildungsplan bis 18 Jahre: 10–11).

Erziehung ist dagegen bei den „Erziehenden“ verortet und kann nur auf zwei Wegen getan werden – in der Gestaltung der Interaktion und der Gestaltung der Umwelt. Die Frage ist hier, was die Pädagog:innen bei ihrem Tun leitet. Zum einen sind es wohl die Erziehungsziele (siehe Kap. 3.4), die in der heutigen Welt für Kinder relevant sind, und zum anderen die Ergebnisse der regelmäßigen Beobachtungen, die erkennen lassen, was das Kind für seine Entwicklung braucht.

Betreuung umfasst drei Aspekte: Pflege, Schutz und Fürsorge. In dieser Erklärung sind hauptsächlich die Grundbedürfnisse des Kindes berücksichtigt, nicht aber die Lern- und Entwicklungsbedürfnisse.

METHODE ZUR ERARBEITUNG

Die Akteur:innen informieren sich über die Definition aus dem Bildungsplan von Schule und Kinder- und Jugendhilfe des jeweiligen Bundeslandes; diese Darstellung kann wahlweise in eigene Worte gefasst und sinngemäß wiedergegeben oder auch vollständig kopiert werden. Es gibt genügend Definitionen relevanter Erziehungswissenschaftler:innen, die auch für die Definition in der Konzeption genutzt werden können.

Im Vorfeld kann auch die Frage gestellt werden: „Was verstehe ich unter einem gebildeten Menschen“? Denn mit dieser Frage wird deutlich, mit welchem Bildungsverständnis man selbst verhaftet ist.

Die Erklärung der Begriffe kann wieder einzelnen Akteur:innen übertragen werden, die Freude am Formulieren haben.

Diese Auseinandersetzung erbringt wichtige Erkenntnisse für das Gelingen der Zusammenarbeit und die Anerkennung der unterschiedlichen Systeme.

3.4 Erziehungsziele

Dieser Konzeptionsinhalt beschäftigt sich mit Erziehungszielen für die pädagogische Arbeit, also im Besonderen geht es um die Ziele, die auch außerhalb der formalen Bildung stattfinden, wobei auch diese Ziele mit den Inhalten der Lehrpläne verknüpft werden können.

Definition

Erziehungsziele beschreiben kein erzieherisches Handeln, sondern drücken Vorstellungen von bestimmten Zuständen, Fähigkeiten und Dispositionen aus, zu deren Verwirklichung erzieherisches Handeln beitragen soll. In Anlehnung an das infans-Handlungskonzept können die Ziele erarbeitet werden (vgl. Andres & Laewen 2011).

Erziehungsziele werden als Richtungsziele bzw. Grobziele formuliert. **Richtungsziele** sind vergleichbar mit einer Speisekarte. Mit den Zielen werden die Gerichte festgelegt. Die Umsetzung der Ziele bzw. das Rezept steht noch nicht fest. Es ist also klar, dass es zum Beispiel als Dessert ein Tiramisu geben wird, das Rezept und die Zubereitung müssen aber noch entwickelt werden. Wenn wir das auf die Formulierung von Erziehungszielen übertragen, so ließe sich hier etwa das Erziehungsziel „Selbstständigkeit" nennen. Wie lässt sich dieses Ziel erreichen? Wie setzen wir es um bzw. welche Maßnahmen zur Umsetzung dieses Erziehungsziels müssen ergriffen werden? Die Umsetzung kann später als Standard im Qualitätshandbuch dargestellt werden.

Beispiel aus der Praxis

Auszug aus der Konzeption der Schulkindbetreuung Freiburg

Ziel – woran man das Ziel erkennt – Beispiele dafür, was das Kind macht:

Das Kind hat Selbstvertrauen und Selbstbewusstsein. Es kennt …

- seine Meinung und vertritt sie,
- seine eigenen Bedürfnisse und setzt sich dafür ein,
- seine eigenen Gefühle,
- seine Stärken und Schwächen,
- sein „Element", in dem es sich wohlfühlt,
- einen liebevollen Umgang mit sich selbst,
- Vertrauen in sich selbst.

Zum Beispiel: Ich weiß, was mir schmeckt; ich kann auf einen Baum klettern; ich weiß, was mir Spaß macht und was ich kann; ich sage, was ich denke; ich kann gewinnen und verlieren.

Das Kind ist **mutig** und **neugierig.** Es will

- die Welt entdecken,
- mutig sein,
- Gefahren einschätzen lernen,
- neue Herausforderungen.

Zum Beispiel: Ich will im Regen spazieren gehen, Ameisen aufspießen, vom Tisch springen, mein Gesicht anmalen, neue und unbekannte Nahrungsmittel ausprobieren.

METHODE ZUR ERARBEITUNG

In die Erarbeitung und spätere Darstellung werden möglichst alle wichtigen Akteur:innen einbezogen. Alle machen sich über ihre persönlichen Ziele Gedanken. Das bedeutet, dass hierfür ein ganzer Konzeptionstag einberechnet werden muss.

Jede/r Mitarbeitende hat die Gelegenheit, über die Motive des eigenen Handels nachzudenken:

- Welche Kompetenzen möchte ich bei einem Kind fördern und fordern? Die Mitarbeitenden nutzten die Frage, um sich selbst zu reflektieren und ihre persönlichen Erziehungsziele mit ihrer Biografie in Verbindung zu bringen.

Das konkrete Vorgehen (in Anlehnung an die Vorgehensweise im Handlungskonzept infans):

1. Jede Fachkraft beantwortet die folgenden Fragen und schreibt stichwortartig oder in Halbsätzen ihr Ergebnis auf:

- Was ist mir in meiner pädagogischen Arbeit persönlich ganz besonders wichtig?
- Was will ich mit meiner Arbeit erreichen?
- Über welche Fähigkeiten und Kompetenzen sollten die Kinder aus meiner Sicht verfügen, wenn sie erwachsen sind?
- Wodurch sollten sie sich als Erwachsene auszeichnen?

2. Jede/r Pädagog:in formuliert anschließend ihre/seine persönlichen Erziehungsziele im Team (auf Moderationskarten).

3. Das Team verständigt sich über Erziehungsziele, die von allen Teammitgliedern gemeinsam getragen werden:

Auszug aus dem Bildungs- und Erziehungsplan 0-10 Jahre aus Hessen:

Individuumsbezogene Kompetenzen
Dabei handelt es sich um Persönlichkeitsaspekte des Kindes, die es zu entwickeln und zu fördern gilt. Sie beinhalten folgende Kompetenzen und Ressourcen:

Personale Kompetenzen
(> *Emotionalität, soziale Beziehungen und Konflikte*)
- Selbstwertgefühl bzw. positives Selbstkonzept (positive Bewertung der eigenen Person hinsichtlich bestimmter Fähigkeiten und Eigenschaften)

Motivation betreffende Kompetenzen
(> *Emotionalität und soziale Beziehungen*)
- Autonomieerleben (sich als selbstbestimmt erleben)
- Selbstwirksamkeit bzw. Kompetenzerleben (Erleben, mit dem eigenen Handeln bzw. mit eigenen Kompetenzen Einfluss nehmen zu können und Kontrolle über seine Umwelt zu haben)
- Selbstregulation (das eigene Handeln bewusst und freiwillig steuern, indem z. B. Ziele selbst gesetzt werden, Ergebnisse der Handlung selbst bewertet werden, Handlungen und Ziele korrigiert und darauf aufbauend wiederum neue Ziele definiert werden)
- Neugier, Interesse (Hessisches Ministerium für Soziales und Integration. Hessisches Kultusministerium 2019: 41)

- Jede/r Pädagog:in stellt ein Ziel mit einer erläuternden Geschichte vor, die erklärt, warum dieses Ziel aufgrund der eigenen Erfahrung so wichtig ist.
- Verständigung im Team, ob das individuell bedeutsame Ziel von allen getragen wird: Wie geht es uns mit dem Ziel? Spricht etwas dagegen? Ist das Ziel zukunftsfähig und legitimierbar?
- Die Moderationskarten werden geclustert und gleiche oder ähnliche Begriffe untereinander gehängt. Anschließend wird ein Oberbegriff gefunden, der das jeweilige Cluster gut zusammenfasst.

4. Die Erziehungsziele werden mit dem gesellschaftlichen Bedarf abgeglichen:
- Welche Kompetenzen werden von den Mitgliedern unserer Gesellschaft erwartet?
- Einbezug der Bildungspläne des betreffenden Bundeslandes, von Fachzeitschriftenartikeln, Expertisen, Veröffentlichungen von Interessenverbänden etc.

- Die gesellschaftlichen Ziele werden überprüft und, sofern nicht im Zielkatalog des Teams enthalten, auf ihre Bedeutsamkeit in der Pädagogik geprüft und eventuell mit aufgenommen.

Durch den gesellschaftlichen Wandel verändern sich die Themen und damit auch die Erziehungsziele. Ziele wie Gender, Sexualpädagogik oder Umgang mit Medien finden sich wieder.

5. Die Eltern werden einbezogen und nach Erziehungszielen gefragt, die für sie von Bedeutung sind:

- Welche Fähigkeiten sollte Ihr Kind haben, wenn es erwachsen ist?
- Die genannten Ziele werden dem vorhanden Zielkatalog, für die Eltern nachvollziehbar, zugeordnet.

Dieser Schritt ist nicht unbedingt maßgebend für die Erarbeitung der Konzeption. Doch kann es eine Vorgehensweise sein, die Eltern in die Entwicklung miteinzubeziehen und damit hohe Transparenz zu erzeugen.

6. Für die Konzeption werden nun 10 bis 15 Ziele ausgewählt, die für die Entwicklung eines Kindes am relevantesten sind. Diese Ziele können dann, wie in unserem Beispiel aus der Praxis (siehe S. 57 f.), mit einer Erklärung versehen werden. Erst dann wird deutlich, was zum Beispiel mit „Selbstständigkeit" in der Praxis gemeint ist.

3.5 Partizipation

„Ich hatte begriffen, dass Kinder eine Macht sind, die man zur Mitwirkung ermuntern und durch Geringschätzung verletzen kann, mit der man aber auch auf jeden Fall rechnen muss." (Janusz Korczak)

Kinder haben das Recht auf Beteiligung, und für die Kinder mittleren Alters ist es eines der wichtigsten Ziele für ihre gesunde Entwicklung. „Bildungsprozesse sind nur mit Beteiligung möglich. Eigenverantwortung kommt vor Gemeinschaftsfähigkeit. Gelebte Beteiligung in Alltagssituationen ist wirksamer als formalisierte Beteiligungsverfahren" (Ministerium für Bildung, Jugend und Sport des Landes Brandenburg 2016: 25). Das höchste Gut für verantwortliches Handeln ist Selbstbestimmung.

Gesetzliche Grundlagen

Art. 5 Abs. 1 Grundgesetz: „Jeder hat das Recht, seine Meinung in Wort, Schrift und Bild frei zu äußern und zu verbreiten."

Art. 17 Grundgesetz: „Jedermann hat das Recht, sich einzeln oder in Gemeinschaft mit anderen schriftlich mit Bitten oder Beschwerden an die zuständigen Stellen und an die Volksvertretung zu wenden."

Art. 12 der UN-Kinderrechtskonvention (Recht auf freie Meinungsäußerung und Partizipation): „Die Vertragsstaaten sichern dem Kind, das fähig ist, sich eine eigene Meinung zu bilden, das Recht zu, diese Meinung in allen das Kind berührenden Angelegenheiten frei zu äußern, und berücksichtigen die Meinung des Kindes angemessen und entsprechend seinem Alter und seiner Reife."

Art. 13 Abs. 1 der UN-Kinderrechtskonvention (Berücksichtigung des Rechts auf Meinungs- und Informationsfreiheit): „Das Kind hat das Recht auf freie Meinungsäußerung in allen Angelegenheiten und unabhängig davon, ob es schon fähig ist, sich eine eigene Meinung zu bilden."

§ 8 SGB VIII (Beteiligung von Kindern und Jugendlichen): „Kinder und Jugendliche sind entsprechend ihrem Entwicklungsstand an allen sie betreffenden Entscheidungen der öffentlichen Jugendhilfe zu beteiligen."

Partizipation bedeutet Beteiligung, Teilhabe, Mitwirkung und Mitbestimmung. Kinder wollen ihr Lebensumfeld mitgestalten und Verantwortung übernehmen. Teilhabe, entsprechend dem Entwicklungsstand des Kindes, trägt zur Übernahme von Verantwortung, zur Entwicklung von Selbstbewusstsein und Konfliktlösefähigkeit bei. Partizipation zeigt sich auch im Beschwerdemanagement, das in Kapitel 4.7 behandelt wird.

Kinder zu beteiligen ist also eine Pflicht von Erwachsenen. Kinder wollen ihre Meinungen, Wünsche, Ideen und Beschwerden äußern und wollen auch, dass ihre Wünsche im Ganztag aufgegriffen werden (vgl. Walther et al. 2021: 64 ff). Sie brauchen Erwachsene, die ihre Interessen ernst nehmen und sich als Dialogpartner:innen einbringen.

Es ist die Aufgabe der Erwachsenen, mit den Kindern Formate zu schaffen, um Beteiligung im Alltag zu ermöglichen, wie zum Beispiel die Kinderkonferenz, das Kinderparlament, Projekte, die von Kindern bestimmt und durchgeführt werden. Sie werden in die Raum- und Mittagesessengestaltung einbezogen. Partizipation wird zum durchgängigen Prinzip im Alltag.

METHODE ZUR ERARBEITUNG

Für die Erarbeitung des Themas „Beteiligung von Kindern“ kann zur Vorbereitung biografisch gearbeitet werden. Hier spielt die eigene Sozialisation eine große Rolle, denn der Grad der Beteiligung trägt beim Heranwachsenden dazu bei, dass er selbstbewusst, verantwortungsbereit für sich und andere sein kann – oder eben auch nicht. Fragen zur eigenen Biografie (Kindheit bis heute) können lauten:

- Wann und wie habe ich Beteiligung erfahren? (Bitten nennen Sie Beispiele.)
- Wurde ich gehört? Wurde ich übergangen? Was haben diese Erfahrungen in mir ausgelöst?
- Welche adultistischen Aussagen habe ich als Kind gehört? Zum Beispiel: „Warte, bis du groß bist.“ „Das verstehst du noch nicht.“ „Weil ich deine Mutter bin.“ „Wie sagt man da?“

> Adultismus ist eine Diskriminierungsform und beschreibt ein zwischen Kindern und Erwachsenen bestehendes Machtungleichgewicht. Erwachsene haben Einstellungen und zeigen Verhaltensweisen, die auf der Einstellung basieren, kompetenter als Kinder zu sein.

- Welche Kompetenzen habe ich entwickelt?

Die Antworten werden auf eine Moderationskarte geschrieben und für alle sichtbar an einem Flipchart angepinnt. Aus diesen Stichwörtern werden die Ziele entwickelt und in ganzen Sätzen formuliert.

Eine Diskussion zu diesem Thema ist grundlegend, da die eigene Haltung zu dem, „was Kinder dürfen“, elementar ist. Zudem spielt das Thema „Macht“ ebenfalls eine bedeutende Rolle.

Außerdem können die Kinder, wie in der Studie von Walther, Nentwig-Gesemann und Fried (2021) aufgezeigt, befragt werden. Fragen könnten sein: Wo möchtest du im Alltag beteiligt sein? Fühlst du dich im Gebäude wohl? Welche Orte gefallen dir und welche nicht usw.

Die Darstellung in der Konzeption kann dann folgendermaßen aussehen: Zuerst wird der Begriff definiert. Die Definition stammt in aller Regel aus der Fachliteratur. Nach der Definition folgen die Ziele, die erarbeitet wurden. Als Letztes werden mögliche Umsetzungsbeispiele dargestellt. Zum Beispiel Kinderkonferenz, Projektplanungen, Mitbestimmung in der Raumgestaltung, bei Regeln etc.

Kinderrechte – Grundrechte – § 8 SGB VIII – Bildungspläne – Teilhabe –Mitbestimmung – Selbstbestimmung – Maslowsche Pyramide – Ziele der Partizipation wie Motivation, Verantwortung für sich und andere, Konfliktfähigkeit – Haltung der Fachkraft wie Umgang mit Macht, Erfahrungen aus der eigenen Sozialisation, vom Kind aus und mit dem Kind denken – Umsetzung in Kinderkonferenzen – Beschwerdemanagement – Beteiligung im Alltag

Stichworte für die Erarbeitung

3.6 Inklusion

Mit dem Inkrafttreten der UN-Behindertenkonvention von 2008 hat sich auch Deutschland zur Umsetzung eines inklusiven Bildungssystems auf allen Ebenen verpflichtet. Alle Kinder haben gleiche Chancen, haben das gleiche Recht auf Bildung, ungeachtet ihrer Stärken und Schwächen.

Inklusion bedeutet, alle Menschen mit einzubeziehen und die Institutionen an deren Bedürfnisse anzupassen. Alle Menschen sind von Anfang an in allen Bereichen gleichberechtigt und selbstverständlich in ihrer Unterschiedlichkeit. Gemeinsames Lernen, von und miteinander, bezieht sich auf die Dimension der Heterogenität wie Gender, sexuelle Lebensweisen, soziale, kulturelle, religiöse Herkunft und nicht nur auf Menschen mit Behinderung.

Definition

Inklusive Pädagogik ist ein Ansatz, der auf Wertschätzung und Vielfalt beruht. In einem inklusiven Bildungssystem lernen Menschen mit und ohne Behinderung von Anfang an gemeinsam. Es wird niemand aufgrund von „Anderssein“ aus dem Bildungssystem ausgeschlossen. Nicht der Lernende muss sich dem System anpassen, sondern das System dem Lernenden.

Zu den inklusiven Werten zählen (Booth & Ainscow 2006, Index für Inklusion):

- Gemeinschaft
- Gleichbehandlung
- Teilhabe
- Nachhaltigkeit
- Gleichberechtigung
- Mitgefühl
- Anerkennung und Vielfalt

Die rechtlichen Grundlagen für Inklusion finden sich in der UN-Kinderrechtskonvention in Artikel 2 und 4, im Sozialgesetzbuch VIII in § 1 Abs. 1. Das Grundgesetz macht klar, was inklusiv meint: „Niemand darf wegen seines Geschlechts, seiner Abstammung, seiner Rasse, seiner Sprache, seiner Heimat und Herkunft, seines Glaubens, seiner religiösen oder politischen Anschauungen benachteiligt oder bevorzugt werden. Niemand darf wegen seiner Behinderung benachteiligt werden"(Art. 3 Abs. 3 GG).

Die Aufgabe der Pädagog:innen ist, Vielfalt und Verschiedenheit als Ressource zu begreifen. „Sensibilisierung für Vielfalt und Verschiedenheit bedeutet zunächst nichts anderes als ein bewusstes gemeinsames Leben und Lernen – mit allen Facetten von Verschiedenheit. Die Aufmerksamkeit richtet sich dabei einerseits auf die Einzigartigkeit jedes Kindes, es geht aber andererseits um die Gemeinsamkeiten der Kinder" (Fischer 2023: 176).

Reflexionsfragen

Vielfalt auf dem Prüfstand:
„Überprüfen Sie doch einmal gemeinsam mit den Kindern das vorhandene Material unter Vielfaltsaspekten.

- Finden sich im Rollenspielbereich Puppen, die sich in Augen-, Haut und Haarfarbe, Haarstruktur, Haarlänge und Geschlecht unterscheiden?
- Gibt es Verkleidungsgegenstände, die aus der Erfahrungswelt aller Kinder der Ganztagsschule stammen und gleichermaßen ihre Erfahrungswelt erweitern?
- Sind Gebrauchsgegenstände aus dem Alltag der Kinder vorhanden?
- Gibt es Spielfiguren, die verschiedene Ethnien, Altersgruppen, Geschlechter etc. darstellen? Verkörpern sie gleichwertig dargestellte Berufsgruppen oder wird eine einseitige Dominanzkultur demonstriert? (z. B. stellen hell- und dunkelhäutige Spielfiguren Baggerfahrer, Ärzte etc. dar?)
- Stehen Poster, Bildbände, Fotos und Architekturzeichnungen mit Bauwerken aus aller Welt zur Verfügung?
- Werden neben rechtwinkligen Bausteinen auch geometrische Körper bereitgestellt, die eine größere Vielfalt an Bauwerken zulassen (z. B. Kugeln, Halbkugeln, Zwiebel- und Spitztürme)?
- Sind Farbstifte in vielfältigen Hautfarbenschattierungen vorhanden?
- Welche Vielfaltsaspekte werden auf welche Art und Weise in der vorhandenen Kinderliteratur, direkt oder indirekt, angesprochen?

- Werden vielfältige Kulturen und Lebensentwürfe sowie Wertvorstellungen thematisiert? Werden Menschen in einer möglichst großen Vielfalt dargestellt?
- Unterstützen die Handlungen und Darstellungen in Text und Bild die Entwicklung von Empathie und Perspektivübernahme?
- Thematisiert das Buch Beziehungen im Kontext von Vielfalt und konstruktives soziales Verhalten?
- Kommen die handlungsbestimmenden Hauptpersonen aus verschiedenen Kontexten und werden sie gleichermaßen wertschätzend dargestellt?
- Wird auf stereotype und klischeehafte Darstellungen verzichtet? Falls nicht, werden sie kritisch hinterfragt?
- Stammen positive und negative Hauptpersonen aus unterschiedlichen Ethnien, Nationen, Bezugsgruppen etc.? (Fischer 2023: 87).

METHODE ZUR ERARBEITUNG

Ihre Gemeinde bzw. Stadt hat sicherlich in ihrem Leitbild oder auch in ihrem Auftrag die Idee einer inklusiven Kommune formuliert. Diese Formulierung kann auf den Ganztag übertragen werden.

Vorurteilsbewusstes Handeln (vgl. Wagner 2017) ist die Grundvoraussetzung für inklusive Pädagogik. Hier können die Pädagog:innen nochmals ihre professionelle Haltung überprüfen und wichtige Erkenntnisse können gegebenenfalls im Text zur Haltung ergänzt werden.

Die Akteur:innen setzen sich mit eigenen Vorurteilen auseinander und entwickeln eine vorurteilsbewusste Kultur. Der Zugang dazu kann wieder ein biografischer sein – mit der Frage: „Welche Vorurteile habe ich bezüglich Kindern oder auch manchen Eltern?"

Folgende Fragen können hilfreich sein:

- Bin ich mir meiner eigenen kulturellen Gewordenheit bewusst?
- Kenne ich meine eigenen stereotypen Vorstellungen und Vorurteile über Gruppen und Einzelne?
- Bin ich offen gegenüber mir unvertrauten Personen? Habe ich Interesse an ihnen, ihren Lebenswelten und den damit verbundenen Wertesystemen?
- Besitze ich die Fähigkeit, andere Werte und Normen auszuhalten, ohne darin eine Bedrohung für mich zu sehen? (Ambiguitätstoleranz)

- Wie wird die kulturelle Vielfalt von Kindern, der Elternschaft und den Pädagog:innen wertschätzend und anerkennend in den Ganztag integriert (Fischer 2023: 189)?
- Bin ich offen gegenüber Andersdenkenden, politisch wie religiös?
- Wie fachkompetent bin ich in Bezug auf sexuelle Entwicklung?
- ...

Jede/r setzt sich mit seinen/ihren Vorurteilen, Gedanken und Kompetenzen auseinander. Es geht hier um die Auseinandersetzung mit sich selbst und um das Bewusstwerden.

Für die Erarbeitung der Konzeption erfolgt wieder der Dreischritt: Inklusion wird definiert, Ziele für den Ganztag erarbeitet und Beispiele für die Umsetzung.

Stichworte für die Erarbeitung

Alle sind gemeint – vorurteilsbewusste Erziehung – eigene Vorurteile und deren Wirkung – Chancengleichheit – Diversität – Anerkennung – Teilhabe aller – Vielfalt der Kulturen – Kinderrechte – Raum für alle

3.7 Schutz des Kindes vor Gefährdung

Alle Einrichtungen der Kinder- und Jugendhilfe müssen für eine Betriebserlaubnis ein Konzept für den Schutz des Kindes vorlegen. Das Bundeskinderschutzgesetz (BKiSchG) ist seit dem 01.01.2012 in Kraft getreten und regelt in den §§ 8a und 8b SGB VIII den Kinderschutz.

Kindeswohl oder auch das „Wohl des Kindes" ist ein unbestimmter Rechtsbegriff, für den es keine einheitliche Definition gibt. Im Einzelfall bedarf es der Interpretation, denn auch im Bürgerlichen Gesetzbuch (BGB) wird das Kindeswohl zum Prinzip erklärt, aber nicht genauer definiert. In § 1666 BGB werden verschiedene Erscheinungsformen der Kindeswohlgefährdung beschrieben.

Jörg Maywald definiert Kindeswohl folgendermaßen: „Ein am Wohl des Kindes ausgerichtetes Handeln ist dasjenige, welches sich an den Grundrechten und Grundbedürfnissen von Kindern orientiert, für das Kind die jeweils günstigste Handlungsalternative wählt" (2013: 33). Das bedeutet zum einen, dass sich das Kindeswohl an den grundlegenden Bedürfnissen wie beständige und liebevolle Beziehungen, körperliche Gesundheit, individuelle und entwicklungsgerechte Erfahrungen, dem Bedürfnis nach Grenzen und Strukturen wie nach stabilen Gemeinschaften orientiert. Zum anderen sind die Rechte des Kindes der UN-Kinderrechtskonvention maßgebend und der Kindeswille, wie in Artikel 12 der Konvention festgehalten.

Den gesamten rechtlichen Rahmen bieten folgende Gesetze:

- Art. 6 Abs. 2 GG
- UN-Kinderrechtskonvention
- § 1631 Abs. BGB
- §§ 8a, b, SGB VIII
- Bundesschutzgesetz (BKiSchG)

Gemäß § 8a Abs. 1 SGB VIII ist das Jugendamt ermächtigt und verpflichtet, bei gewichtigen Anhaltspunkten für eine Kindeswohlgefährdung im Zusammenwirken mit mehreren Fachkräften das Gefährdungsrisiko einzuschätzen (Satz 1), die Personensorgeberechtigten sowie das Kind einzubeziehen und ggf. einen Hausbesuch durchzuführen (Satz 2) sowie ggf. geeignete Hilfen anzubieten (Satz 3).

§ 8b SGB VIII regelt die fachliche Beratung und Begleitung zum Schutz von Kindern und Jugendlichen. Personen, die beruflich in Kontakt mit Kindern oder Jugendlichen stehen, haben bei der Einschätzung einer Kindeswohlgefährdung im Einzelfall gegenüber dem örtlichen Träger der Jugendhilfe Anspruch auf Beratung durch eine insoweit erfahrene Fachkraft.

Im Zuge der SGB VIII-Reform hat das Kinder- und Jugendstärkungsgesetz (KJSG) das Vorliegen eines Gewaltschutzkonzeptes als Pflichtaufgabe in § 45 Abs. 2 Nr. 4 SGB VIII festgeschrieben.

Wofür ist dieses Konzept wichtig?

- Schutzkonzepte geben den Kindern, den Eltern, den Pädagog:innen und dem Träger Sicherheit.
- Schutzkonzepte sind fester Bestandteil der Qualitätsentwicklung.
- Gewaltschutzkonzepte tragen dazu bei, handlungsleitende Orientierung zu bieten und Haltungen und Verhalten zu reflektieren, um somit Kinder bestmöglich vor unangemessenem pädagogischem Verhalten und Misshandlungen in der Kinder- und Jugendhilfeeinrichtung zu schützen.

„Darüber hinaus hat der Gesetzgeber mit dem Bundeskinderschutzgesetz ein weiteres Bundesgesetz geschaffen: das Gesetz zur Kooperation und Information im Kinderschutz (KKG). Gemäß § 3 KKG sind im Bereich der Jugendämter verbindliche Netzwerkstrukturen für die zuständigen Leistungserbringer und Institutionen im Kinderschutz aufzubauen und weiterzuentwickeln; dabei sind auch Horte und andere Tageseinrichtungen für Kinder sowie die Schulen und deren Personal einzubeziehen" (Wabnitz 2023: 86).

Die Kindertageseinrichtungen haben diesen Schutzauftrag für das Kind. Der Auftrag richtet sich an pädagogische Fachkräfte, Eltern und das betroffene Kind.

Das Kindeswohl hat immer Vorrang bezüglich aller zu treffenden Entscheidungen. Es gilt das Gebot der Abwägung mit der Frage: Was ist für das Kind die jeweils günstigste Handlungsalternative?

Die Umsetzung des Kindeswohls umfasst zum einen die **positive Förderung des Kindes**. Positive Förderung bedeutet für die Pädagog:innen:

- Die Achtung der Individualität jedes Kindes nimmt einen zentralen Stellenwert ein.
- Das Recht jedes Kindes auf eine vorurteilsbewusste Bildung, Erziehung und Betreuung ist benannt.
- Eine Bildungs- und Erziehungspartnerschaft mit den Familien wird gelebt (regelmäßiger Austausch, Angebote zur Elternbildung und -beratung).
- Die Einrichtung ist im Stadtteil/in der Kommune vernetzt.
- Die Kinder sind an allen sie betreffenden Angelegenheiten entwicklungsangemessen beteiligt (Beteiligungskultur).
- Kindern und Eltern stehen in der Einrichtung Ansprechpersonen zur Verfügung, die mit Fragen, Anregungen und Kritik professionell umgehen (Beschwerdemanagement).
- Sexuelle Bildung hat einen festen Platz im Bildungsangebot.
- Auf die sozial-emotionale Stärkung des Kindes wird ein besonderes Augenmerk gelegt, dazu gehören das Wissen über Gefühle, die Fähigkeit, Gefühle auszudrücken und regulieren zu können, die Stärkung des Selbst- und Körperbewusstseins, des Selbstvertrauens und der Selbstständigkeit.
- Die Stärkung der Persönlichkeit des Kindes ist oberstes Ziel als bedeutsamer Beitrag zur Gewaltprävention.
- Die Fachkräfte erhalten Möglichkeiten zur fachlichen Weiterentwicklung und Supervision (vgl. Eberle 2016).

Zum anderen besteht die Umsetzung des Kindeswohls im **Schutz des Kindes vor Gefährdung.** Eine Gefährdung beschreibt der Bundesgerichtshof folgendermaßen: „Eine Gefährdung ist eine gegenwärtige, in einem solchen Maße vorhandene Gefahr, dass sich bei der weiteren Entwicklung eine erhebliche Schädigung mit ziemlicher Sicherheit voraussehen lässt" (BGH FamRZ 1956 m 35.0).

In der Konzeption sind die Schritte des Vorgehens bei Kindeswohlgefährdung abzubilden. Das vorhandene Schutzkonzept des Trägers wird in einer Zusammenfassung dargestellt. Im QM-Handbuch bzw. im Kinderschutzkonzept finden sich dann die Prozessbeschreibung im Gefährdungsfall plus die Instrumente zur Risikoeinschätzung, wie zum Beispiel die Einschätzskala Kindeswohlgefährdung in Kindertageseinrichtungen (https://www.kvjs.de/jugend/kinderschutz/kiwo-skala-kinderschutz-in-tageseinrichtungen).

Die Einschätzskala zur Kindeswohlgefährdung bietet Hilfe für die Einschätzung, ob eine Kindeswohlgefährdung vorliegt oder nicht und ob die Einrichtung tätig werden sollte.

Die Aufgaben der Einrichtung lauten:

- Schriftliche Vereinbarung zwischen Träger, Kindertageseinrichtung und Jugendamt mit
    - den Verfahrensabläufen gemäß § 8a SGB VIII
    - der Regelung zur Erhebung, Verwendung und zum Schutz von Sozialdaten
- Erkennen der Gefährdung
- Gespräch im Team und mit der Leitung
- Hinzuziehen einer „insoweit erfahrenen Fachkraft“
- Hinwirkung auf die Inanspruchnahme von Hilfen
- Meldung an das Jugendamt (in bestimmten Fällen)
- Handeln in akuten Krisensituationen

METHODE ZUR ERARBEITUNG

Im ersten Schritt wird geklärt, ob es bereits eine Vereinbarung zur Kindeswohlgefährdung zwischen Träger und Jugendamt gibt. Wenn ja, arbeitet das Team diese Unterlagen durch und übernimmt die Quintessenz daraus in die Konzeption. Der ausführliche Prozessablauf wird verschriftlicht und findet sich im Handbuch oder im Schutzkonzept wieder. Sollten jedoch noch keine Kenntnisse vorliegen, ist eine Fortbildung für alle Beteiligten im Ganztag förderlich, um eine gemeinsame Vorgehensweise für eine Gefährdung gewährleisten zu können.

Die Akteur:innen entscheiden, in welchem Umfang das Thema bearbeitet wird. Folgende Bausteine können Inhalt sein:

- Leitbild
- Risiko- und Potentialanalyse
- Personalverantwortung sowie Aufarbeitung und Rehabilitation
- Verhaltenskodex
- Fortbildungen/Qualitätssichernde Maßnahmen
- Partizipation
- Pädagogische Prävention/Präventionsangebote und Sexualpädagogisches Konzept
- Beschwerdewege und Ansprechpersonen

Abb. 8: Verhaltensampel

Quelle: Der Paritätische Bremen 2018: 4

- Ablaufplan/Verfahren bei Verdacht einer Kindeswohlgefährdung und die „insoweit erfahrene Fachkraft"
- Kooperation und Ansprechpartner:innen
- Transparenz/Darstellung nach außen

Manche der hier aufgeführten Inhalte sind bereits in der pädagogischen Konzeption enthalten.

Diese Inhalte können nun von „Multiplikator.innen" erarbeitet werden und dann in die jeweiligen Institutionen vermittelt bzw. implementiert werden. Für den Ganztag ist zu empfehlen, dass von allen wichtigen Akteur:innen Personen in der Erarbeitungsgruppe vertreten sind. Sie erarbeiten zwingend den Ablauf/Verfahren bei Verdacht auf eine Kindeswohlgefährdung. Eine Risiko- und Potentialanalyse, also wo liegen Gefahren in unserem Haus und dem Umfeld bzw. was tun wir bereits prophylaktisch für den Schutz der Kinder. Die Bearbeitung des Verhaltenskodex für die Mitarbeitenden kann eine heikle Angelegenheit werden. Denn in diesem Kodex findet sich das Verhalten, das angemessen und professionell ist, aber auch die Beschreibung von unangemessenem Verhalten. Manche Einrichtungen arbeiten mit sogenannten „Ampelkarten". Auf diesen Karten wird das Verhalten in die Kategorien rot – gelb – grün eingeteilt (siehe Abb. 8).

Stichworte für die Erarbeitung

Schutzauftrag – Wohl des Kindes – Gewaltprävention – Beteilung als Prophylaxe – Gefährdungen erkennen – Sicherheit für alle Mitarbeitenden – Bewusstwerdung – Meldesystem – Handlungsmöglichkeiten – Verhalten

3.8 Resilienz

Definition

Der Begriff Resilienz leitet sich von dem englischen Wort „resilience" ab, was so viel wie Spannkraft, Widerstandsfähigkeit, Elastizität bedeutet. Resilienz bezeichnet die Fähigkeit einer Person, „erfolgreich mit belastenden Lebensumständen und negativen Stressfolgen umgehen zu können" (Wustmann 2004: 18). Kurz gesagt: Es geht um die Fähigkeit, sich von einer schwierigen Lebenssituation nicht unterkriegen zu lassen. Entscheidend bei der Entwicklung von Resilienz sind die Risiko- und Schutzfaktoren.

Damit sind Faktoren gemeint, die förderlich oder hinderlich für die Ausbildung der Widerstandsfähigkeit sind. **Risikofaktoren** sind zum Beispiel niedriger ökonomischer Status, Disharmonie in der Familie, Krankheit, niedriges Bildungsniveau, Verluste, Mobbing etc. **Schutzfaktoren** hingegen sind stabile Bezugspersonen, Harmonie in der Familie, demokratischer Erziehungsstil, Umgang mit Stress, Problemlösefähigkeit, Selbstwirksamkeit etc. (vgl. Rönnau-Böse & Fröhlich-Gildhoff 2020: 15 ff.).

Zentral für Kinder ist vor allem eine verlässliche Bindung zu erwachsenen Bezugspersonen. Im Gantzag ist es wichtig, dass Kinder sich einbringen und ihren Alltag selbst wirksam gestalten können. Deshalb ist Partizipation ein Grundprinzip in der Pädagogik. Kinder lernen durch Erfahrungen, die ihnen immer wieder ermöglicht werden, ihre Gefühle zu regulieren. Sie lernen im Spiel sowohl mit Enttäuschung, Wut, Ausgrenzung als auch mit Glück und Freude umzugehen. Dazu brauchen Kinder die Unterstützung der Pädagog:innen. Resilienz ist nicht angeboren, sie verändert sich im Laufe des Lebens und muss immer wieder neu erlernt und aktiviert werden.

Hinweis

Wie kann Resilienz im Ganztag gefördert werden?

- Lob und konstruktive Kritik helfen Kindern, ein gutes Selbstbild zu entwickeln und zu wissen, wo ihre Stärken und Schwächen liegen.
- Die Autonomie des Kindes wird gefördert, indem ihm Dinge zugetraut werden und es vieles selbstständig tun darf.
- Dem Kind stehen verlässliche, zugewandte Bezugspersonen zur Seite.
- Gefühle werden gespiegelt und reflektiert. Kinder dürfen ihre Emotionen ausleben und lernen, sie einzuordnen und darüber zu sprechen. Ganz im Sinne der Gewaltfreien Kommunikation nach Rosenberg.

Je höher seine Resilienz ist, desto leichter fällt es dem Kind, negative Gefühle und Erlebnisse in positive Emotionen und Situationen umzuwandeln. An jedem Rückschritt, an jeder Schwierigkeit und an jeder Herausforderung, die ein Kind durchlebt und positiv daraus hervorgeht, wächst die Resilienz.

Resilienz ist lernbar und wird in folgende Faktoren dargelegt:

- Selbst- und Fremdwahrnehmung
- Selbstwirksamkeit
- Selbststeuerung
- Soziale Kompetenz
- Probleme lösen
- Umgang mit Stress

Denn resilientes Verhalten bedeutet:

- Herausforderungen anzunehmen und ihnen positiv gegenüberzustehen
- Kummer und Leid zu regulieren und zu bewältigen
- Sich für die eigene Person einzusetzen und sich zu verteidigen
- Sich nicht aus der Bahn werfen zu lassen
- Das Selbstbewusstsein zu haben, das eigene Glück bestimmen zu können

Tipp

Eine Methode zur Förderung der Selbst- und Fremdwahrnehmung: Warme Dusche

Ablauf: Es wird ein Kreis gebildet. Ein Kind setzt sich in die Mitte und alle sagen etwas Positives über das Kind in der Mitte. Was kann es besonders gut, wofür wird es geschätzt … Nach und nach setzt sich jeder in die Mitte und bekommt von den anderen gesagt, was er/sie besonders gut kann.

METHODE ZUR ERARBEITUNG

Als Erstes wird der Begriff „Resilienz" erklärt, damit alle Fachkräfte darunter das Gleiche verstehen. Eine Fachkraft erarbeitet die **Definition** und stellt sie dem Team vor.

Im Rahmen der **Biografiearbeit** können folgende Fragen hilfreich sein, um sich mit der eigenen Widerstandsfähigkeit auseinanderzusetzen:

- Was hat mich stark gemacht in meinem Leben?
- Wer waren meine Unterstützer?
- Welche schwierige Situation fällt mir ein, aus der ich gestärkt hervorging?

Die Erkenntnisse aus dieser Einzelarbeit werden zusammengetragen – unter der Frage: Welche Faktoren waren gut für mich?

Die gesammelten Faktoren werden auf Moderationskarten notiert und auf einer Flipchart aufgehängt. Nun wird der Alltag im Ganztag reflektiert hinsichtlich der Frage, inwiefern diese Faktoren im Alltag vorhanden sind und von den Pädagog:innen gefördert werden. Die drei wichtigsten Beispiele werden dann in die Konzeption aufgenommen. Aus den Faktoren werden die Ziele für die Förderung der Resilienz abgeleitet und formuliert.

Am Ende überprüft das Team seine Erziehungsziele (siehe Kap. 3.4), um zu sehen, ob hier Kompetenzen aufgeführt sind, die Widerstandskraft fördern.

Stichworte für die Erarbeitung

psychische Widerstandsfähigkeit – positive Bewältigung von Risikosituationen – Schutzfaktoren – Selbst- und Fremdwahrnehmung – Selbststeuerung – Selbstwirksamkeit – soziale Kompetenzen – einschätzen – bewerten – reflektieren – Probleme lösen – Vorbilder – loben – Herausforderungen stellen – Sicherheit in Abläufen und Ritualen – Bezugsperson – Stärkegeschichten – Ronja Räubertochter – Pippi Langstrumpf – Stressbewältigungsstrategien

Weitere Themen für die Grundlagen der Pädagogik könnten sein: Sprache, Beobachtung und Dokumentation, Medien, Sexualpädagogik und Gender oder Grundlagen, die für den Standort und die Akteur:innen von Bedeutung sind und für die gemeinsame Orientierungsqualität notwendig.

4. Konzeptionsbaustein III: Methodische und didaktische Umsetzung

Nachdem die Grundannahmen geklärt sind, geht es darum, deren Umsetzung bzw. Ausführung darzustellen. In der sogenannten **Prozessqualität** wird nun das „Wie" definiert. Die Grundannahmen sind die Basis der pädagogischen Arbeit und stets in der Prozessqualität wiederzuerkennen. Die Gedanken aus den Grundannahmen finden sich sowohl in den Räumen, im Tagesablauf als auch in den Hausaufgaben wieder.

Welche Prozesse sollen nun in der Konzeption beschrieben werden? Und in welcher Ausführlichkeit? Es sind die Prozesse zu wählen, die zum einen den Ganztag ausmachen und zum anderen nach heutigem Stand förderlich für die Entwicklung des Kindes sind. Welche Angebote in die Konzeption aufgenommen werden, entscheiden die Akteur:innen.

Die Vorgehensweise für die Erarbeitung ist ähnlich wie bei den Grundannahmen, nur dass die Inhalte noch deutlicher die Praxis widerspiegeln sollten. Die Ziele stellen dann bereits konkrete Handlungen dar, und die Beispiele sind die Maßnahmen, die die Pädaog:innen in der Praxis umsetzen. Folgende Darstellung empfiehlt sich in der Konzeption:

1. Die Definition des zu behandelnden Themas
2. Drei bis vier Ziele, die für diesen Punkt am wichtigsten sind
3. Die Maßnahmen in der Praxis werden beschrieben

4.1 Freispiel

„Man kann einen Menschen nichts lehren, man kann ihm nur helfen, es in sich selbst zu entdecken." (Galileo Galilei)

Über das Spiel erklärt sich das Kind die Welt, es konstruiert sich seine Welt aufgrund seiner Interessen und Bedürfnisse. Das Spiel ist eine vom Kind ausgehende Form der kognitiven Aktivierung des Lernens. Vieles kann über das Spiel gelernt werden. Spielen und Lernen unterscheiden sich jedoch bezüglich ihrer Motivation: Das Spiel folgt zumeist dem Selbstzweck und ist stärker prozessorientiert.

Lernen ist auf ein späteres Wissen bzw. Können ausgerichtet. Das Ergebnis der Handlung ist eher zweitrangig – das Kind kehrt den Boden aufgrund der Freude am Kehren, nicht wegen des sauberen Bodens. Jedoch verfolgt das Kind im Spiel auch implizite Ziele wie Sammlung von Informationen aus seiner Umwelt, verarbeitet Erlebtes, übt Fertigkeiten und Fähigkeiten. Folgende Bedürfnisse müssen sich auch im freien Spiel befriedigen lassen: Bewegung, Körpererfahrung, eigenständige Welterkundung, Begegnung mit anderen Kindern, mit der Peergroup, Selbstwirksamkeit und die Erfahrung, nützlich zu sein, Wissen und Können erwerben (vgl. Enderlein 2023: 111–124).

Wie Fröbel sagt, „ist Spiel nicht nur Spielerei, sondern hat einen hohen Ernst und Bedeutung" für das Kind. Das Spiel wird deshalb auch informelle Bildung genannt.

Manch Ganztag macht sich zu Nutze, am Nachmittag mit anderen Methoden die am Morgen gehörten Inhalte ganzheitlicher zu bearbeiten. Wobei zu berücksichtigen ist, dass Spiel immer freiwillig ist. Im freien Spiel können auch Angebote stattfinden, die von Kindern mitentwickelt werden und auch freiwillig sind.

Beispiel aus der Praxis

„Als sportfreundliche Schule bieten wir darüber hinaus ein Sportangebot wie Tanzen, Inlineskaten oder Judo an. Außerdem gibt es neben einem Musik- und Tanzraum die ‚Maloase', die ‚Baubude' und eine Freinet-Druckerei. Auch aufgrund des Raumkonzeptes ist auf dem Süsteresch hinsichtlich der Teilnahme an einzelnen Angeboten ein hoher Grad an Freiwilligkeit möglich ..."

Lena Hornbostel, Lehrerin an der Grundschule auf dem Süsteresch, Schüttorf (Niedersachsen), zit. nach QUAD 2021c: 26

Für die Konzeption ist es notwendig, das Spiel für alle Akteur:innen zu definieren und festzulegen, dass es sich dabei um eine selbstbestimmte Zeit für das Kind handelt, in der es frei entscheidet, mit wem, was, wo und wie lange es spielen will. Das Nichtstun ist hier auch eingeschlossen, um eigenverantwortliches Handeln zu fördern.

Deshalb ist es wichtig, genug Zeit im Ganztag einzuplanen, die das Kind nutzen kann, um seinen Bedürfnissen nachzugehen und dabei auch wenig Unterbrechungen erfährt.

Qualitätsdimensionen aus Kindersicht
(vgl. Walther et al. 2021)

- „Wild" spielen: sich gegenüber anderen behaupten, sich mit anderen messen und in der Gruppe selbst tragfähige Regeln zu entwicklen
- Sich zurückziehen, sich unterhalten und soziale Beziehungen verhandeln
- Sich einen Ort aneignen und Fantasiespiele spielen

(Qualitätsbereich: Die Gestaltung einer positiven Peer-Kultur)

- (Noch) verbotenes tun und Grenzen austesten
- Zerstreuenden, unterhaltsamen und entspannten Aktivitäten nachgehen
- Sich in riskante, herausfordernde Bewegungsaktivitäten und in (kompetitive) Bewegungsspiel vertiefen

(Qualitätsbereich: Die produktive Bearbeitung von Themen und Aufgaben der mittleren und späten Kindheit)

- Naturerfahrungen machen
- Ausflüge machen und die Außenwelt kennenlernen

(Qualitätsbereich: Die Erweiterung des Bildungsraums Ganztag in die Natur und die Außenwelt)

Diese Erfahrungen, die sich Kinder wünschen und die sie brauchen, können im freien Spiel gemacht werden. Es braucht dafür genügend Zeit am Tag und in der Woche.

METHODE ZUR ERARBEITUNG

Für die Biografiearbeit bieten sich folgende Fragen an (vgl. Glöckner 2021: 71):

- Wie habe ich als Kind gespielt?
- Was habe ich als Kind am liebten gespielt?
- Wo habe ich als Kind am liebsten gespielt?
- Welche Rolle spielten die Erwachsenen dabei?

Die Ergebnisse werden zusammengetragen und auf das freie Spiel übertragen, auf der Folie des Fachwissens reflektiert und so erste Ziele formuliert.
Gemeinsam können nun die folgenden Fragen im Team der wichtigsten Akteur:innen bearbeitet werden:

- Wie können sich Kinder im freien Spiel ausleben?

- Gibt es genügend Bewegungsraum?
- Wie viel Selbstbestimmung haben sie?
- Entspricht die bisherige Handhabung der Idee des freien Spiels?
- Können die Kinder ihren eigenen Interessen und Entwicklungsthemen nachgehen?
- Was möchten wir verändern?

Mit der Beantwortung dieser Fragen wird deutlich, was zu verändern ist und welche Maßnahmen zu ergreifen sind, wie zum Beispiel: Die Kinder können nach Absprache mit der Fachkraft in den Außenspielbereich.

Nun wird der Begriff „Freispiel" definiert, die wichtigsten Ziele werden aus den Erkenntnissen der beiden Fragenkomplexe formuliert sowie Maßnahmen, die zu den Zielen passen, dargelegt. Dabei kann mit festgehalten werden, welche Aufgabe der Pädagog:in während des freien Spiels zukommen.

4.2 Räume

Die Pädagog:innen entwickeln gemeinsam mit den Kindern ein Raumkonzept. Räume werden als Bildungsräume begriffen und spiegeln die Interessen und Entwicklungsthemen der Kinder wider.

Der Prozess für das Raumkonzept verläuft unterschiedlich, abhängig von der vorhandenen Form des Ganztages. Gibt es in der Einrichtung Räume explizit für die Kinder außerhalb der formalen Bildung? Oder handelt sich um einen Hort, der „eigene" Räume hat, oder werden die Räume der Schule mitgenutzt für die außerschulische Betreuung?

Das heißt, bevor die Ausgestaltung Raum findet, gilt es, die prinzipielle Nutzung der Räume zu klären. Denn wenn die Haltung vorliegt, „bitte verlassen Sie das Klassenzimmer, wie Sie es vorgefunden haben", wird ein pädagogisches Raumkonzept obsolet.

Ziel des Raumkonzeptes ist es immer, dass die Kinder sich wohlfühlen und genügend Freiraum für ihr selbstständiges Handeln haben. „Mit der Gestaltung und Ausstattung der Räume tragen die pädagogischen Akteur:innen maßgeblich dazu bei, die gesetzlichen Aufträge der pädagogischen Institutionen zu erfüllen (Plehn & Appel 2021: 29 f.). Im Bericht der Kultusministerkonferenz wird dargelegt, dass Ganztagsschulen einen Erziehungs- und Bildungsauftrag haben und Bildungs-, Erfahrungs- und Lebensräume an den Bedürfnissen der Kinder auszurichten sind (vgl. KMK 2015: 9).

Räume sind Bildungsräume und geben die Möglichkeit, den Bedürfnissen der Kinder Rechnung zu tragen. Es finden sich Räume für Bewegung, Ruhe, Körper und Gesundheit, Kreativität und Werken, für Sinne, Rollenspiel und Theater, für Medien, fürs Essen, eine Bibliothek; weitere Zusatzräume für Musik oder andere Interessen der Kinder, und natürlich gibt es Raum für Unterricht.

Raumgestaltung & Selbstbildung

„Uns ist die positive Wirkung eines gestalteten Raumes auf Menschen sehr bewusst. Deshalb nutzen wie diesen als ‚3. Pädagogen' und möchten erreichen, dass sich alle Personen an unserer Schule wohl fühlen und bestmögliche Lern- und Arbeitsbedingungen vorfinden.
Die Gestaltung des Raumes ist auch eng mit den Entwicklungsbedürfnissen des Kindes und der Definition von Bildung und Lernen verknüpft bzw. davon abhängig.
Die Kinder eigenen sich die Welt durch Selbstbildung an, die Akteur:innen entscheiden aufgrund von Beobachtung und Beteiligung der Kinder, mit was und wie sich die Kinder bilden: ‚Selbstbildung erfolgt daher im Rahmen der Möglichkeiten, die dem Kind von außen zugetragen werden'" (Schäfer 2007: 31).

Die Raumgestaltung folgt pädagogischen Prinzipien. Genau wie Pädagog:innen in einer Gruppe nicht willkürlich handeln, sondern in ihrer Arbeit mit Kindern bestimmten pädagogischen Prinzipien folgen, ist auch die Ausgestaltung der Räume nicht dem Zufall zu überlassen. Der Raum wird in diesem Sinne als bewusst vorstrukturierte und somit veränderbare Entwicklungsbedingung verstanden, die Bildungsprozesse ermöglichen oder verunmöglichen kann (vgl. Bensel et al. 2016). Er muss so gestaltet sein, dass die innewohnenden Aufgaben und Herausforderungen verstehbar („Das habe ich begriffen"), handhabbar („Das bekomme ich hin") und bedeutsam sind („Was ich tue, ist mir wichtig").

Hierbei sollten Kinder zu Entscheidungen herausgefordert sein und sich die folgenden Fragen stellen dürfen:

- Wie geht es mir heute?
- Was will ich machen?
- Was brauche ich?
- Mit wem will ich es tun?
- Will ich es alleine versuchen?
- Brauche ich Umtrieb oder brauche ich Ruhe?

Abb. 9: Bildungsmerkmale für Innen- und Außenräume

Bildungsmerkmale für Innen- und Außenräume – in vier Großbereiche eingeteilt	
Körper und Gesundheit • Körperliche Herausforderungen, grobmotorische Bewegungsanreize • Feinmotorische Bewegungsanreize, Kunsterfahrungen • Körperliches und psychisches Wohlbefinden	**Wahrnehmen, Entdecken und Forschen** • Körperliches und psychisches Wohlbefinden • Sinneserfahrungen, Wahrnehmungen • Konstruktion • Experimentelle Natur(wissenschaftliche)-, Technik- und Materialerfahrungen
Kognition und Sprache • Kognitive Anregungen • Sprachliche Anregungen, musikalische Anregungen, Literacy	**Soziale Erfahrungen: Ich und die Gruppe** • Selbsterfahrung, Selbstwirksamkeit • Rückzugsmöglichkeiten, Alleinsein, Ruheerfahrung, Konzentration • Orte der Begegnung, Gemeinsamkeit • Partizipation und Autonomie • Diversitätserfahrungen, Inklusionserleben

Quelle: Haug-Schnabel & Bensel 2015: 14

Die Auswahl der Materialien, die den Kindern zur Verfügung gestellt werden, sind wohlüberlegt und laden die Kinder ein, sich mit dem wahren Leben auseinanderzusetzen. Gerald Hüther sagt, Kinder brauchen Aufgaben, an denen sie wachsen können. Reinhard Kahl spricht davon, dass „der Sog der Sachen unerhört sein soll" (Archiv der Zukunft).

Materialien haben das Ziel, dass Kinder schöpferisch tätig sein können, dass sie neugierig, wissbegierig und forschend zugange sind. Sie dürfen mit und ohne Ziel gestalten. Sie finden Dinge vor, die frei zugänglich und auffindbar sind. Und diese Dinge können sie ihrem Zweck entsprechend nutzen oder auch zweckentfremden.

Die Materialen laden ein und zeigen Ästhetik.

METHODE ZUR ERARBEITUNG

In manchen Vereinbarungen zwischen Schule und Jugendhilfe wird ein kindgerechtes Raumkonzept gefordert. Manche Schulen haben bereits Lernwerkstätten eingerichtet. Darin können die Kinder vielfältige Materialien, Werkzeuge etc. finden, sodass sie forschend darin lernen können.

Wie bereits benannt, wurde mit allen Akteur:innen über die Haltung und die Nutzung der Räume bereits verhandelt. Alle wollen ein Raumkonzept zum Wohle des Kindes.

Bevor die inhaltliche Gestaltung entwickelt wird, werden die Voraussetzungen geprüft:

- Welche Räume und Orte stehen den Kindern zur Verfügung?
- Welche Orte besuchen die Kinder außerhalb der Institutionen?
- Welche Räume werden in den Institutionen genutzt und welche nicht oder weniger?
- Wie einfach ist die Nutzung aller Räume?

Je nach Zeit kann mit den Kindern eine Begehung des Sozialraumes sinnvoll ein, um die Räume präziser planen zu können. Hierzu können die Kinder mit Kameras ausgestattet werden, um in ihren Räumen Orte, Plätze, Materialien zu fotografieren, die ihnen gefallen oder auch nicht gefallen. Es folgt eine Ausstellung, und in der Kinderkonferenz werden weitere Planungen vorgenommen.

Die Pädagog:innen stellen sich folgende Fragen zur Reflexion:

- Woran erkennen Sie, dass das Kind sich hier wohlfühlt?
- Wie oder wodurch erlebt das Kind diesen Raum als dritten Pädagogen gemäß der Reggio Pädagogik?
- Wie zeigt sich, dass sich das Kind hier mit seinen Themen und Interessen wiederfindet?
- Wo kann das Kind ungestört spielen?
- Welche Möglichkeiten und Herausforderungen bietet der Raum zur Selbstbildung und um angemessene Entwicklungserfahrungen zu machen?
- Womit und wodurch lädt der Raum zum Verweilen, sich engagieren, explorieren ein und um sich als selbstwirksam zu erleben?
- Kann das Kind selbst entscheiden, womit und was, mit wem und wie lange es hier spielen kann?
- Findet das Kind im Raum eine ihm vertraute Person und weiß das Kind, wo es jemand finden könnte?
- Können Kinder allein Räume nutzen? Sind alle Fragen zur Aufsichtspflicht geklärt, damit Raum für die inhaltliche Arbeit ist?

Zum Abschluss werden die Bildungspläne zur Hand genommen und überprüft, welche Bildungsbereiche werden benannt und welche fehlen uns?

Sie können eine weitere Methode anwenden, um die Räume und deren Einrichtung zu planen: Die Grundrisse der Räume werden größer kopiert als auch der Grundriss des Gebäudes. Mit Klebezetteln können die Funktionen der Räume benannt werden bzw. die Materialen für die jeweiligen Räume werden aufgelistet – was soll sich in welchen Räumen wiederfinden?

Auch der Qualitätsrahmen für die Ganztagsschule in Baden-Württemberg spricht von mehreren Qualitätsmerkmalen, der Raum ist eines davon. Damit Ganztagsschulen zu einem Lern- und Lebensraum für die Schülerinnen und Schüler werden, in dem sie sich kognitiv herausgefordert und emotional geborgen fühlen, wird ein stimmiges Raumnutzungskonzept entwickelt (Qualitätsrahmen Ganztagsschule Baden-Württemberg 2019: 16–17). Die Standards sind in drei verschiedenen Qualitätsstufen eingeteilt, so heißt es z. B. in Stufe 3:

- Räume im Ganztag sollten möglichst differenziell ausgestattet sein; neue Lernwelten und Lernmöglichkeiten sollen dadurch eröffnet werden. Unterschiedliche Bedürfnisse der Schülerinnen und Schüler (Entspannung, Bewegung etc.) sollten durch die Raumkonzeption erfüllt werden. Für Kinder mit Behinderung berücksichtigt das Raumkonzept uneingeschränkten Zugang zu Räumen, Medien und Materialien etc. (ebd.: 17).

Tipp

Aktuelles und fundiertes Wissen sowie viele Praxistipps zur Raumgestaltung im Ganztag in: Manja Plehn & Stefan Appel (2021): *Raumgestaltung entwickeln und pädagogisch begleiten,* Freiburg.

4.3 Essen im Ganztag

Essen und Trinken gehört zu den Grundbedürfnissen eines jeden Menschen. Kinder brauchen eine ausreichende und ausgewogene Ernährung, um ihr Potential an körperlicher und geistiger Leistungsfähigkeit entfalten zu können (vgl. Renner et al. 2022: 45 f.). Essen ist die Grundlage für ein gesundes Leben. Für die Qualität des Essens sind die Qualitätsstandards der Deutschen Gesellschaft für Ernährung (DGE) für die Verpflegung an Schulen eine Orientierung.

Doch Essen hat weitaus mehr Aspekte und erfüllt viele andere Ziele im Ganztag. Die pädagogische Gestaltung des Mittagsessens stellt ein Qualitätsmerkmal im Ganztag dar. Essen in angenehmer Atmosphäre ist für die Entwicklung des Kindes förderlich. Die Kinder im Grundschulalter müssen wichtige Entwicklungsaufgaben durchlaufen, ihre spezifischen Lebensthemen, die wichtig sind für ein gesundes Aufwachsen. Damit die Entwicklung dieser Themen gelingt, ist die Sicherung der existentiellen Grundbedürfnisse, also auch des Essens, sehr wichtig. Nur durch ausreichende Bereitstellung von Energie haben die Kinder die Möglichkeit, ihre Bedürfnisse umzusetzen (vgl. Renner et al. 2022: 47 ff.).

Die Gestaltung des Mittagessens wird unter dem Aspekt der Partizipation analysiert. Haben die Kinder in irgendeiner Weise Mitspracherecht? Können sie ihre Meinung auch dazu äußern, mit wem, was und wann sie essen möchten?

Wesentliche Ziele für das Essen:

- Ernährungsbildung: Die Kinder lernen, was gute Nahrung bedeutet.
- Nahrung wird als nachhaltig erlebt bezüglich des Wohles der Tiere als auch des Klimas und der Umwelt.
- Essenszeit wird als Qualitätszeit erlebt (vgl. Renner et al. 2022: 38), und deshalb fühlen sie sich beim Mittagessen wohl. Diese Zeit ist Interaktionszeit.

Wenn Essen nicht „nur" Nahrungsaufnahme bedeutet, sondern auch die Bedürfnisse des Kindes erfüllt werden sollen, hat dies zur Folge, auch hier mit allen Akteur:innen die Zeiten für das Essen zu analysieren.

Denn Pädagog:innen haben die Aufgabe, den Raum so zu gestalten, dass eine möglichst angenehme Atmosphäre entsteht, wie zum Beispiel durch kleinere Tische, durch angemessene Dekoration.

Unter dem Aspekt der Partizipation können die Kinder ihre Plätze frei wählen. Alle Rechte, die Erwachsene beim Essen haben, haben auch die Kinder. Es besteht KEIN Probierzwang, stattdessen gibt es immer wieder das Angebot, probieren zu können. Die Kinder dürfen noch üben, die richtige Schöpfmenge zu finden. In Mensen sind diese Lernerfahrungen weniger möglich, doch auch hier gilt es, Partizipationsmöglichkeiten so weit als möglich auszuschöpfen.

Beispiel aus der Praxis

Auszug aus dem Konzept der Stadt Freiburg zum Qualitätsstandard „Mittagessen", hier: zu den Aufgaben der Fachkräfte

- Die pädagogische Fachkraft diskutiert mit den Kindern gesellschaftliche Normen, legt **gemeinsam** mit den Kindern relevante Normen und Regeln fest.
- … lebt getroffene Regelungen selbst vor.
- Die pädagogische Fachkraft unterstützt die Selbstregulation des Kindes, z. B. beim Schöpfen, Unterstützung beim Empfinden von Hunger und Durst und achtet auf Schöpfmenge.
- Die pädagogische Fachkraft beobachtet Essverhalten und bringt die Beobachtungen in den fachlichen Diskurs ein.
- Die pädagogische Fachkraft bereitet die Umgebung gemeinsam mit den Kindern vor und schafft Anreize für ein schönes Ambiente.

- Die pädagogische Fachkraft räumt gemeinsam mit den Kindern nach dem Essen auf.
- Die pädagogische Fachkraft regt Gespräche an und ist Gesprächspartner:in für die Kinder.
- Die pädagogische Fachkraft ermuntert die Kinder, Lebensmittel zu probieren.
- Die pädagogische Fachkraft nutzt die Interessen der Kinder für Lebensmittel für weiterführende Angebote.
- Die pädagogische Fachkraft reagiert schnell und angemessen bei Unverträglichkeitssymptomen der Kinder.

METHODE ZUR ERARBEITUNG

Für die Erarbeitung zum Essen im Ganztag ist der erste Schritt eine Biografiearbeit. Der Mensch ist im Besonderen geprägt durch die eigenen „Essenserfahrungen". Gerade beim Essen werden unterschiedlichen Sozialisationen besonders deutlich.

Das Team sammelt per Brainstorming sogenannte Glaubenssätze. Glaubenssätze sind internalisierte, auch unbewusste Lebensregeln. Sie resultieren aus früheren Erfahrungen. Diese Glaubensätze prägen oftmals das pädagogische Handeln und sind oftmals unreflektiert.

Beispiele für Glaubenssätze:

- „Der Teller wird leer gegessen"
- „Morgen wird es schönes Wetter, wenn du leer isst."
- „Der Löffel geht zum Mund und nicht der Mund zum Löffel"
- …

Diese Sammlung führt zur Bewusstwerdung eventueller handlungsleitender Ziele, die nicht fachlich begründet sind.

Parallel können Kinder zu der Essensituation befragt werden.
Die Essensituation wird mit folgenden Fragen analysiert:

- Wie ist der Raum vorbereitet?
- Wie viele Wege muss das Kind bzw. die Pädagog:in während des Essens gehen?
- Wie kann der Geräuschpegel minimiert werden? Wo wird das Geschirr geholt bzw. hingebracht? Denn je nach Größe des Raumes sind mehrere Stationen sinnvoll.

- Können Kinder selbst entscheiden, wann sie essen und was sie essen?
- Werden die Regeln mit den Kindern erarbeitet und überprüft?
- Sind die Regeln visualisiert?
- Wird das Thema Ernährung außerhalb des Essens thematisiert?

4.4 Hausaufgaben oder individuelle Lernzeit

Was sind Hausaufgaben?

Definition

Bei Hausaufgaben bzw. Lern- und Übungszeiten handelt es sich um Aufgaben im Sinne von Anforderungen an die Schülerinnen und Schüler,
- die Lehrkräfte erteilen mit dem Ziel, Lernprozesse in Gang zu setzen,
- um sie in der Regel selbstständig außerhalb des Unterrichts zu bearbeiten (vgl. Wildgruber 2020: 11–12)

Die Regelungen für die Hausaufgaben finden sich in den jeweiligen Landesgesetzen, Verordnungen und Erlassen.

Gesetzliche Grundlagen

Verordnung des Kultusministeriums über die Notenbildung
Beispiel Baden-Württemberg, aus der Notenbildungsverordnung (NVO) vom 5. Mai 1983:
§ 10 Hausaufgaben (1) Hausaufgaben sind zur Festigung der im Unterricht vermittelten Kenntnisse, zur Übung, Vertiefung und Anwendung der vom Schüler erworbenen Fähigkeiten und Fertigkeiten sowie zur Förderung des selbständigen und eigenverantwortlichen Arbeitens erforderlich.
(2) Die Hausaufgaben müssen in innerem Zusammenhang mit dem Unterricht stehen (Sinn!) und sind so zu stellen, dass sie der Schüler ohne fremde Hilfe in angemessener Zeit erledigen kann.
(3) Die näheren Einzelheiten hat die Gesamtlehrerkonferenz mit Zustimmung der Schulkonferenz zu regeln, insbesondere den zeitlichen Umfang sowie die Anfertigung von Hausaufgaben übers Wochenende, über Feiertage und an Tagen mit Nachmittagsunterricht; an Tagen mit verpflichtendem Nachmittagsunterricht darf es in den Klassen 5 bis 10 keine schriftlichen Hausaufgaben von diesem auf den nächsten Tag geben.

(4) Der Klassenlehrer bzw. Tutor hat für eine zeitliche Abstimmung der Hausaufgaben der einzelnen Fachlehrer zu sorgen und auf die Einhaltung der bestehenden Regelungen zu achten.

Warum sollen Kinder überhaupt Hausaufgaben machen?

Diese Frage ist eine grundlegende, die sich alle Pädagog:innen im Ganztag im Vorfeld der Erarbeitung stellen müssen.

Die Idee ist durch die Verordnungen bekannt, die Umsetzung entspricht oftmals nicht den Vorgaben und den Erkenntnissen über das Lernen an sich. Damit ist gemeint, dass die Hausaufgabenzeit (siehe Abb. 10) zu lang ist, dass die Hausaufgaben keine Wiederholung des Stoffes sind, sondern ein Nachholen, dass sie für das Kind keinen Sinn ergeben, dass sie nur mit Hilfe gemacht werden können.

Hausaufgaben sollen aber vor allem selbstständig, ohne fremde Hilfe von Erziehungsberechtigten oder anderen Erwachsenen angefertigt werden.

Achtung!

Im Schulgesetz Berlin ist Folgendes festgelegt:
„3) Als Strafe oder als Mittel zur Wahrung der Disziplin sind Hausaufgaben pädagogisch nicht vertretbar und daher unzulässig" (Schulgesetz für das Land Berlin).

Auch bei der Erledigung der Hausaufgaben müssen die Bedürfnisse des Kindes mitgedacht werden: das Bedürfnis nach sozialer Zugehörigkeit, Bewegung, Autonomie und Selbstbestimmung, Kompetenzerleben, Wissen und Können erwerben (vgl. Enderlein 2023).

In verschiedenen Studien, wie zum Beispiel aus den 1990er-Jahren in der Schweiz, konnte nicht nachgewiesen werden, dass die Hausaufgaben leistungssteigernd wirken, woraufhin sie im Kanton Zug abgeschafft wurden. Die Hattie-Studie aus dem Jahr 2009 hat auch einen eher geringeren Effekt in der Grundschule nachgewiesen (vgl. Hattie 2013). Jedoch ist ein Effekt in weiterführenden Schulen erkennbar. „Hausaufgaben im Gymnasium können nur dann effektiv sein, wenn die Verantwortung dafür, die damit verbundene Arbeitskultur und Selbstverpflichtung (commitment), eben schon von Anfang an gelernt wurde" (Hattie 2013: IX).

Britta Kohler (2017) hat ein Modell entwickelt, das viele Faktoren aufzeigt, die zur Wirksamkeit der Hausaufgaben beitragen:

- Die Auswahl und Vergabe der Hausaufgaben: Sie müssen nützlich, zum Nachdenken anregend und individuell sein.
- Erstellung und Begleitung: Sie muss emotional unterstützend sein, das Kind muss sich akzeptiert und wertgeschätzt fühlen.
- Kontrolle: Je besser die Rückmeldung über Inhalt erfolgt, desto besser Auswertung und Besprechung im Unterricht.

Das „Wie“ der Hausaufgabenerledigung ist maßgeblich für den Erfolg.

Deshalb müssen die Ziele der Hausaufgaben als auch der individuellen Lernzeit folgende sein:

- Kinder entscheiden über die Art und Weise der Erledigung der Hausaufgaben mit.
- Hausaufgaben bieten ein breites Spektrum, die dem Stand des Kindes bestmöglich entsprechen.
- Der Prozess ist entscheidend und nicht das Ergebnis.
- Eine Fehlerkultur erlernen und leben, nach dem Motto: „Mache einen Fehler und feiere ein Fest!“

Abb. 10: Maximale Dauer der Hausaufgaben

	Maximaler Umfang HA in Minuten nach Richtlinie im Bundesland					
	1. Klasse	**2. Klasse**	**3. Klasse**	**4. Klasse**	**5. Klasse**	**6. Klasse**
Bayern	60	60	60	60	k.A	k.A.
Berlin	15	30	45	45	60	60
Brandenburg	30	30	45	45	60	60
Niedersachsen	30	30	30	30	60	60
Nordrhein-Westfalen	30	30	45	45	60	60
Rheinland-Pfalz	30	30	60	60	k.A	k.A.
Sachsen-Anhalt	30	30	60	60	90	90
Thüringen	30	30	30	30	60-120	60-120

Quelle: Wildgruber 2020: 13

METHODE ZUR ERARBEITUNG

Reflexionsfragen:

- Inwieweit können die Kinder entscheiden, wann und wie die Hausaufgaben erledigt werden?
- Wie sieht der Ort aus, an dem die Hausaufgaben gemacht werden? Gibt es die Möglichkeit nach Rückzug und Geborgenheit, wie z. B. durch Raumteiler etc.
- Werden unterschiedliche Lerntypen akzeptiert und unterschiedliches Lernen ermöglicht?
- Welche Materialien stehen den Kindern zur Erledigung zur Verfügung, die zum selbstständigen Handeln anregen?
- Können auch Pausen gemacht werden bzw. kann getrunken werden?

Fragen an die Pädagog:in:

- Welche Vorstellungen haben Sie, wie Hausaufgaben zu erledigen sind?
- Welche Fächer haben Sie selbst begeistert und welche nicht?
- Welcher Lerntyp sind Sie, eher im Stillen, eher Teamlerner:in, taktil, auditiv, visualisierend ...?
- Wie können Sie Kinder begeistern?
- Wie geben sie dem Kind konstruktives Feedback?
- Inwieweit ist die Hausaufgabenzeit von den Erwartungen der Eltern geprägt?

Nachdem diese Fragen mit allen notwendigen Akteur:innen diskutiert, die wissenschaftlichen Erkenntnisse eruiert wurden, kann, zum Beispiel, eine Arbeitsgruppe bestehend aus den jeweiligen Vertreter:innen, die ein Anliegen zu den Hausaufgaben haben, einen Vorschlag für die Konzeption erarbeiteten.

Aus der Konzeption der Schulkindbetreuung der Stadt Freiburg:

- Wir bieten dem Kind einen ruhigen und verlässlichen Rahmen
- Wir fördern die Selbstständigkeit des Kindes
- Die Kinder unterstützen sich gegenseitig
- Wir fördern den Kontakt zwischen den pädagogischen Fachkräften der SKB und den Lehrkräften
- Wir geben den Eltern regelmäßig Rückmeldung
- Durch den kontinuierlichen Rahmen bieten wir dem Kind Sicherheit
- Wir schaffen eine ruhige Atmosphäre

Beispiel aus der Praxis

4.5 Tagesablauf und Übergänge

Welchem Takt folgt der Tagesablauf im Ganztag? Besteht er darin, dass alle Kinder alles zur gleichen Zeit machen sollen, da beispielsweise alle Kinder in bestimmten Zeitkorridoren essen, sich bewegen, Hausaufgaben machen und sich einer AG zuordnen sollen? Welchen Erwartungen und Bedürfnissen wird der Tagesablauf gerecht? Ist er am Wohl des Kindes und dessen Bedürfnissen ausgerichtet? Wie muss dieser dann bestenfalls aussehen? Jeder Tagesablauf – unabhängig vom Format der Einrichtung, d. h. sei es der klassische Hort, die Schulkindbegleitung am Nachmittag oder die gebundene Ganztagsschule, muss so gestaltet werden, dass die beschriebenen Grundbedürfnisse berücksichtigt und erfüllt werden.

Abb. 11: Komponenten Tagesablauf

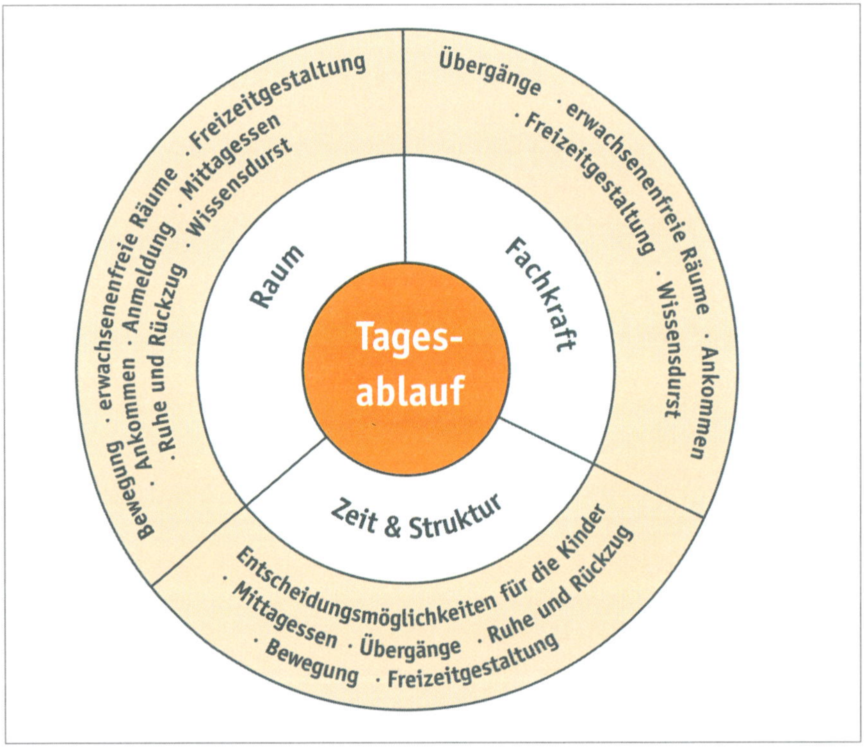

Quelle: Eigene Darstellung (U. Glöckner)

Grundsätzlich gibt der Tagesablauf sowohl Struktur und Sicherheit als auch Möglichkeiten zur individuellen Gestaltung. Um den Bedürfnissen des Kindes gerecht zu werden, bedarf es einer Rhythmisierung des Tages – eines Wechsels zwischen Anspannung und Entspannung.

Die Kinder stehen mit ihren Lebenschancen im Mittelpunkt. Das bedeutet, dass alle am Ganztag Beteiligen oder Mitwirkenden die Aufgabe haben, Zeit und Raum neu zu denken, diese bewusst zu gestalten und als Qualitätsmerkmal anzuerkennen.

Die kleinen Übergänge (Mikrotransitionen) werden gestaltet

Die Forschungen und Empfehlungen der Erziehungswissenschaftlerin Dorothee Gutknecht zu Mikrotransitionen in der frühkindlichen Bildung (vgl. Gutknecht 2013) lassen sich in Teilen auf die Begleitung von Schulkindern übertragen: Eine Grundidee bei der Gestaltung von Mikroübergängen ist die, dass nicht alle Kinder alles zur selben Zeit machen müssen, sondern dass sich Räume finden, die für die Nutzung offen stehen und jedes Kind selbst entscheidet, wo es hingehen und sein möchte. In manchen Räumen empfängt sie idealerweise eine Fachkraft. Zudem gilt es, Übergänge im Tagesablauf so zu gestalten, dass sich das Kind als selbstwirksam erlebt. Sie als pädagogische Fachkraft stellen sicher, dass das Kind weiß, wo und wie es sich Informationen holen kann. Möglicherweise gibt es Wartezeiten im Tagesablauf. Auch diese sind so zu gestalten, dass das Warten nicht dazu führt, Kinder „im Griff" zu haben oder gar zu „bändigen". Hier stellt sich die Frage, welche Möglichkeiten Sie mit Ihren Kolleg(inn)en und den Kindern finden, um die Wartezeit sinnvoll zu verkürzen. Sie könnten bspw. eine Wartezone einrichten – ähnlich wie beim Kinderarzt, mit Comics, Illustrierten, Rätselheften usw. Die Kinder, die bereits mit dem Essen oder mit den Hausaufgaben fertig sind, könnten bereits in einen anderen Raum gehen, in dem eine weitere Fachkraft anwesend ist. Möglich wäre auch, dass zwei oder drei Kinder allein die Hausaufgaben fertigstellen.

Die Grundprinzipien von (Mikro-)Übergängen lauten: (1) Diese analysieren, (2) sie gestalten, (3) das Kind miteinbeziehen und (4) Wartezeiten reduzieren. Um Ihren Blick zu schärfen und um die Kinder bei den vielen kleinen Übergängen, die sie im Tag durchlaufen, feinfühlig zu begleiten, können Sie sich folgende Fragen stellen:

- In welcher Situation befindet sich das Kind gerade?
- Ist es vertieft in ein Spiel? Ist es hungrig?
- Wer kündigt den Übergang an? Sie selbst? Ein anderes Kind? Eine „magische Figur" oder Puppe?
- Über welchen Wahrnehmungsweg kündigt sich der Übergang an: durch einen Klang, ein visuelles Zeichen, eine Berührung, einen Duft?
- In welche Situation kommt das Kind anschließend und wie ist diese vorbereitet? Gibt es eine Fachkraft, die die Kinder empfängt? Welcher Vorbereitung bedarf der Raum bzw. Platz (Spielmaterialien, Materialien für die Hausaufgaben usw.)? Gibt es unterstützende Markierungen in der neuen Situation

(z. B. Sitzkissen)? Kommen die Kinder in einen dunklen oder hellen Raum? Welchen Wahrnehmungsreizen ist das Kind ausgesetzt? Soll die Atmosphäre beruhigend und spannungsabbauend oder anregend sein? (vgl. Gutknecht 2013: 35).

Beispiel aus der Praxis

Beispiel für einen Tagesablauf in der Schulkindbetreuung:

Ankommen: Die Kinder kommen in unterschiedlichen Räumen an, es herrscht eine ruhige Atmosphäre, die Umgebung ist möglichst einladend vorbereitet, eine Fachkraft ist präsent und ansprechbar.

Anmeldung: Ein System, das selbsterklärend ist und mit dem sich die Kinder selbstständig anmelden können – entweder manuell oder digital.

Entscheidungsmöglichkeiten: Die Kinder können entscheiden, ob sie nach dem Ankommen aus dem Unterricht zu Mittag essen, Hausaufgaben machen, sich zurückziehen oder sich bewegen möchten.

Mittagessen: Den Kindern steht ein Zeitraum zur Verfügung, in dem sie entspannt essen können. Sie entscheiden, wann, mit wem und an welchem Platz sie essen möchten. Sollte aufgrund der Vielzahl der Kinder eine Einteilung notwendig sein, dann erarbeiten die Kinder diesen Plan mit.

Übergänge, wie zum Beispiel die Wechsel vom Unterrichtsende zum Mittagessen und dann in die nächste Aktivität, begleiten die Fachkräfte sensibel und empathisch. Zudem binden sie die Kinder aktiv in die Gestaltung der Übergänge mit ein.

Ruhe und Rückzug: Die Kinder haben stets die Möglichkeit, sich zurückzuziehen. Hierfür stehen ihnen Ecken, Nischen, Sofas, Höhlen, Matratzen etc. oder extra eingerichtete Räume zur Verfügung.

Bewegung: Die Kinder können sich in vielerlei Hinsicht durch den Tag bewegen, zum Beispiel während der Hausaufgaben (nach 30 Minuten eine Bewegungspause, mal im Liegen oder Hocken lernen), im Schulhof, Garten oder Wald. Auch dafür gilt es, angemessene Zeiträume zu schaffen.

Erwachsenenfreie Räume: Die Kinder haben ausreichend Raum und Zeit ohne das Zusammensein mit Erwachsenen. Im Voraus werden alle Fragen zur Aufsichtspflicht geklärt.

Freizeitgestaltung: Es gibt einen vorgegebenen Rahmen, der Selbstbestimmung, Kreativität und Freiwilligkeit der Kinder zulässt.

Peergroup: Die Kinder haben genügend Frei- und Zeiträume, um sich mit anderen Kindern zu treffen und mit ihnen zu spielen.

Wissensdurst: Bieten Sie den Kindern herausfordernde Räume, Aufgaben, Verantwortung und Materialien, um ihren Wissensdurst zu befriedigen (Glöckner 2020: 12–13).

METHODE ZUR ERARBEITUNG

Die entwicklungspsychologischen, altersentsprechenden Bedürfnisse der Kinder werden nochmals im Team oder von allen Akteur:innen zusammengetragen. Diese Bedürfnisse werden dem momentanen Tagesablauf gegenübergestellt und bewertet.

Danach muss diskutiert werden, an welchen Zeiten noch etwas verändert werden muss und was das für die Umsetzung des Tagesablaufs bedeutet.

Der Tagesablauf wird visualisiert, für die Kinder und die Erwachsenen. Hierfür können die Kinder miteinbezogen werden, die eine Tabelle entwickeln mit den Faktoren wann, was und wer ist dabei?

4.6 Kinderkonferenz

Die Kinderkonferenz gehört zu den Methoden der Partizipation. Die Beteiligung orientiert sich selbstverständlich am Entwicklungsstand des einzelnen Kindes. Bei der Kinderkonferenz üben Kinder mit und ohne Anleitung von Pädagog:innen, wie Diskussionen geführt, demokratische Entscheidungen gefällt, Konflikte gelöst und Beschwerden vorgebracht werden. Dabei ist ausschlaggebend, dass den Kindern auf Augenhöhe begegnet wird und ihre Themen ernst genommen werden. Es geht hier um ernsthafte Aushandlungsprozesse und nicht um eine Art „Wünsch dir was, und wir handeln". In realistischen Diskussionen, mit Pro und Kontra, können die Themen behandelt werden. Wenn Kinder sich zum Beispiel die Umgestaltung des Schulhofes wünschen, dann geht es darum, gemeinsam zu überlegen, was es dazu braucht, was davon umgesetzt werden könnte und auf welche Weise.

Je nach Größe der Einrichtung bietet sich ein Kinderrat an, der die Interessen der anderen Kinder vertritt. Im Kinderparlament werden dann die Anliegen besprochen und Ideen entwickelt.

METHODE ZUR ERARBEITUNG

Die Akteur:innen, die Kinderkonferenzen bzw. den Kinderrat/Kinderparlament durchführen möchten, stellen sich folgende Fragen:

- Was ist mit einer Kinderkonferenz genau gemeint?
- Was wollen wir damit erreichen? Welche Ziele sind hier wichtig?
- Wie gestaltet sich der Ablauf einer Konferenz; Tagesordnung, Rollen der Kinder wie Moderator:in, Zeitnehmer:in, Protokollant:in, Themen, die besprochen werden, Möglichkeiten der Visualisierung der Ergebnisse.

Hier einige Statements zur Kinderkonferenz, die bei der Erarbeitung Orientierung bieten können:

- Kinder und Erwachsene sind gleichberechtigt.
- Es empfiehlt sich wechselnde Gesprächsführung.
- Kinderkonferenzen können spontan und regelmäßig stattfinden.
- Alle Beteiligten bringen Wünsche, Anregungen, Beschwerden, Fragen etc. ein.
- Gemeinsam werden die (Gesprächs-)Regeln diskutiert, gegebenenfalls überarbeitet und verändert.
- Diskussion und Abstimmung über Neuanschaffung von Spielen oder Veränderungen und Ausstattung der Räume können Thema sein.
- Bei jeder Konferenz wird Protokoll geführt (kindgemäß).
- In der Kinderkonferenz werden jedes Jahr zwei Abgeordnete für das Kinderparlament gewählt.

4.7 Beschwerdemanagement

Ein Beschwerdemanagement ist gesetzlich verankert und in der Einrichtung umzusetzen. In § 45 Abs. 2 Nr. 3 SGB VIII heißt es: „Die Erlaubnis ist zu erteilen, wenn das Wohl der Kinder und Jugendlichen in der Einrichtung gewährleistet ist. Dies ist in der Regel anzunehmen, wenn (…) zur Sicherung der Rechte von Kindern und Jugendlichen in der Einrichtung geeignete Verfahren der Beteiligung sowie der Möglichkeit der Beschwerde in persönlichen Angelegenheiten Anwendung finden." Diese Gesetzesgrundlage ist eine der Voraussetzungen für die Erteilung einer Betriebserlaubnis und stellt deshalb keine bloße Möglichkeit, keinen „Goodwill", sondern ein Muss dar.

Beschwerden, ganz egal, von wem sie kommen, verweisen auf Bedürfnisse. Und Bedürfnisse sind in jedem Moment unseres Lebens wirksam, auch wenn wir sie nicht immer bewusst wahrnehmen. Aufgabe der Fachkraft ist es, die Äußerungen achtsam und feinfühlig wahrzunehmen und darauf einzugehen. Je älter die Kinder, desto wortreicher können sie sich ausdrücken. Es können aber auch Symbole, Zeichnungen, Fotos etc. zu Hilfe genommen werden (vgl. Maywald 2016: 78 ff.).

Grundsätzlich gilt: Jede Beschwerde ist ernst zu nehmen, und es muss angemessen darauf reagiert werden. Beschwerden sind auch eine Art von Beteiligung, da dem Kind hier das Recht zuerkannt wird, seine Interessen bzw. auch die der anderen in der Einrichtung zum Ausdruck zu bringen und damit eine Veränderung herbeizuführen. Pädagog:innen tun gut daran, Beschwerden als Geschenk zu betrachten. Denn darin liegt eine Chance für Veränderung, was der Idee der Qualitätsentwicklung entspricht.

Hinweis

Beschwerden können in zwei Formen eingeteilt werden – in:

- **Verhinderungsbeschwerden** mit dem Ziel, Handlungen zu verhindern. Andere Personen werden darauf aufmerksam gemacht, dass sie eine Grenze überschritten haben. Verhinderungsbeschwerden richten sich immer an den Verursacher, an Kinder oder Erwachsene;
- **Ermöglichungsbeschwerden** mit dem Ziel, eine Veränderung bzw. neue Situation herbeizuführen; das führt oft zur Veränderung von Strukturen. Ermöglichungsbeschwerden können sich auf das Verhalten von Kindern und Erwachsenen, das Materialangebot, die Raumgestaltung, auf Strukturen oder Vereinbarungen beziehen.

METHODE ZUR ERARBEITUNG

Im Folgenden sind Bausteine zur Entwicklung eines Beschwerdemanagements aufgeführt, die in einer Teamsitzung in Kleingruppen oder auch in einer Art „World-Café“ bearbeitet werden können. Die Mitglieder der Kleingruppen verteilen sich an verschiedenen Tischen, die mit beschreibbaren Papierdecken ausgelegt sind und notieren darauf ihre Gedanken zu den Stichpunkten. Es können auch Flipcharts aufgehängt werden, an denen am oberen Rand die verschiedenen Stichpunkte angepinnt sind. Die Teammitglieder schreiben dann jeweils ihre Gedanken darunter.

Die Haltung zu Beschwerden wird anschließend im Team diskutiert. Auch hier eignet sich wieder der biografische Ansatz: Wie gehe ich mit Beschwerden um? Wie möchte ich behandelt werden, wenn ich eine Beschwerde ausgesprochen habe?

Förderlich ist, dass sich zuerst die Akteur:innen über ihre eigene Haltung klar werden und dann die Kinder miteinbeziehen.

Für die Konzeption wird der Begriff „Beschwerde" bzw. „Beschwerdemanagement" definiert, die Ziele dafür werden festgelegt, und dann wird der Verlauf von der Beschwerde bis zur qualifizierten Reaktion kurz beschrieben.

Tipp

Beschwerdemanagement mit der Methode „World-Café" (s.o. S. 28)
Die Erarbeitung kann gleichzeitig für Kinder und Eltern stattfinden:

1. Die Beschwerdestimulation für Eltern/Kinder
- Eltern/Kinder werden angeregt, Beschwerden zu äußern;
- Zugangswege, die der Ganztag schafft, um Beschwerden aufzunehmen.

2. Die Beschwerdeannahme
- Eine Beschwerde muss in angemessener Weise kompetent angenommen werden. Haltung und gelingendes Verhalten von pädagogischen Fachkräften zur Wahrnehmung und Annahme von Beschwerden von Eltern/Kindern.

3. Beschwerdebearbeitung und Reaktion
- Es muss klar sein, wie auf die Beschwerde von Eltern/Kinder reagiert wird.
- Strukturen für eine zeitnahe Bearbeitung, Umsetzung und Rückmeldung (Prozesse der Beschwerdebearbeitung, die in die Organisation des Ganztags eingebunden sind).

4. Leitsätze als Selbstverpflichtung
- Gedanken, Anregungen zum Beschwerdemanagement für Eltern/Kinder, die das Team für sich in Leitsätzen formuliert.

5. Beschwerdeauswertung
- In Beschwerden stecken Hinweise auf Verbesserungswürdiges und ein Entwicklungspotenzial für Kinder, Fachkräfte und die gesamte Einrichtung.

4.8 Angebote und Projekte

Als Grundsatz gilt: Angebote und Projekte orientieren sich an den Interessen und Themen der Kinder. Idealerweise werden die Inhalte mit den Kindern entwickelt, haben Einladungscharakter, und die Teilnahme ist möglichst freiwillig.

Hinweis

> „Bei der Entwicklung von Angeboten muss mitgedacht werden, dass es genügend Zeit braucht, um neue Konzepte zu erarbeiten – auch, um die Eltern miteinzubeziehen. Unverzichtbar sind außerdem die Möglichkeit und die Lust darauf, Neues auszuprobieren. Bei der Planung und Umsetzung von Angeboten muss es Spielraum dafür geben."
> Susanne Flath, Geschäftsführung und Bereichsleitung Schulen gGmbh Hessen, zit. nach QUAD 2021d: 7

Angebote können während des freien Spiels in einem, wenn vorhanden, bestimmten Bildungsbereich stattfinden. Es kann sich dabei auch um verschiedene Materialangebote handeln. Die Angebote finden meist in AGs statt, diese können einmalig oder vorführend sein, wie die Tanz-AG oder Koch-AG. Grundlegend ist, dass die Angebote ganzheitlich sowie offen für Entwicklung sind und das Ergebnis nicht vorgeben ist. Es besteht ein Unterschied zum formalen Lernen/Unterrichtslernen.

Projekte stellen ein Format gelebter Partizipation dar. Sie entstehen aufgrund der Beobachtungen der Pädagog:innen oder der Ideen der Kinder, und auch diese sind freiwillig. Das Projekt zieht sich über einen längeren Zeitraum, hat einen klaren Beginn und ein klares Ende, eventuell verbunden mit einer Feier oder einer Präsentation.

Je nach dem Format des Ganztags werden die Angebote von Lehrkräften, pädagogischen Fachkräften oder auch externen Kooperationspartner:innen angeboten.

Die Angebote entsprechen den Bedürfnissen der Kinder und nicht der Schule, um am Nachtmittag „spielerisch" zu lernen. Selbstverständlich können Unterrichtsthemen mit den AGs verknüpft werden.

„Das Angebotskonzept ist so konzipiert, dass es für alle Kinder und Jugendliche geeignet ist – unabhängig von ihren Kompetenzen, ihrem Entwicklungsstand, ihrer Herkunft oder ihrem Geschlecht" (QUAD 2021d: 10).

Hinweis

Leitlinien für die Angebotsentwicklung

- Das Ganztagsteam stimmt die geplanten Angebote und die vorhandenen Räumlichkeiten konzeptionell aufeinander ab.
- Die Bedürfnisse der Kinder stehen bei der Angebotsentwicklung im Mittelpunkt.
- Es gibt genügend Freiräume für die Kinder.
- Die Gruppengröße für die Angebote ist abhängig vom Thema und den vorhandenen Räumlichkeiten.
- Die Taktung der Angebote ist abhängig von der Organisation des Ganztagsbetriebs.
- Es findet sich eine gute Balance zwischen freien, ungesteuerten Aktivitäten der Kinder und gezielten, angeleiteten Angeboten.

METHODE ZUR ERARBEITUNG

Alle Angebote und Projekte werden für die Akteur:innen gut sichtbar aufgelistet und mithilfe folgender Fragen überprüft:

- Für wen ist dieses Angebot – für die Kinder, für die Pädagog:innen oder für die Eltern?
- Welchen Nutzen haben die Kinder/das Kind davon und welche Kompetenzen erwerben sie?
- Entspricht das Angebot dem Lernen des Kindes? Sind die Kinder motiviert und freiwillig dabei?
- Wie sieht die Bilanz bezüglich „freier“ und „gezielter angeleiteter“ Angebote aus? Merke: Jede Beschäftigung des Kindes verfolgt Ziele.
- Auf welche Angebote würde das Team gerne verzichten und welche möchte es beibehalten und hinzunehmen.
- Was zeichnet ein gutes Angebot aus?
- Wie können sich Kinder an- und abmelden?

Für die Konzeption werden wiederum die Begriffe Angebote und Projekt definiert, um zukünftig von einer gemeinsamen Begriffsdefinition auszugehen. Anschließend werden aus den Erkenntnissen aus der Prüfung der Angebote und Projekte die jeweiligen Ziele abgeleitet. Zuletzt werden beispielhaft Angebote/Projekte aufgelistet.

Beispiel aus der Praxis

„Lernen mit Kopf, Hand und Herz“ (J.H. Pestalozzi)
Aus der Konzeption der Schulkindbetreuung Freiburg:

„Angebote sind gezielte Beschäftigungen, die als Antwort auf die Themen des Kindes vorbereitet und durchgeführt werden. Gezielt heißt, bezogen auf ein (aktuelles) Thema und auf das Alter des Kindes. Grundlage hierfür ist unsere Beobachtung. Angebote können einmalig oder auch regelmäßig über einen längeren Zeitraum stattfinden. Angebote können aus einem Materialimpuls bestehen.

Ziele

- Unsere Angebote sollen das Kind fördern, ihm Möglichkeiten aufzeigen und es einladen, neue Dinge auszuprobieren. Dies geschieht auf unterschiedlichen Ebenen.
- Die Kinder erlangen Wissen (Kopf), sie erfahren und begreifen Neues (Hand) und tun dies in der Gemeinschaft mit anderen (Herz).
- Kinder lernen Kontinuität und Verantwortung zu übernehmen.
- Wir vertrauen darauf, dass das Kind selbst entscheiden kann, ein Angebot anzunehmen oder abzulehnen, und über die Dauer der Teilnahmen selbst zu bestimmen.

Mögliche Umsetzungsbeispiele: offene Angebote, angeleitetes Spiel, Kreativmaterial, Freitagsausflüge, Angebote von Kindern für Kinder, Fußball AG, Holzwerkstatt.“

In diesem Konzeptionsbaustein sind beispielhafte Inhaltspunkte aufgezählt. Es können auch andere Inhalte im Vorfeld ausgewählt werden wie zum Beispiel Interaktion oder Peer-Groups im Ganztag.

5. Konzeptionsbaustein IV: Kooperation mit verschiedenen Partnern

In diesem Baustein werden die verschiedenen Kooperationspartner:innen, die für die Arbeit im Ganztag bedeutsam sind, aufgeführt. Als Erstes findet die Auseinandersetzung mit dem multiprofessionellen Team und der Leitung statt, denn sie sind der Schlüssel zur Qualität. Es ist verantwortlich für die Umsetzung der Ziele. Als Nächstes wird die Kooperation Schule und Kinder-und Jugendhilfe beschrieben. Und wie bereits genannt, ist dieser Punkt je nach Format besonders wichtig. Denn es kann auch sein, dass „nur" eine Kooperationsvereinbarung zwischen zwei Partnerinnen mit konzeptionellen Inhalten zur Zusammenarbeit vereinbart wird.

Die Eltern und Familien werden dann in den Blick genommen, mit Zielen für die Zusammenarbeit und der Darstellung verschiedener Formate, die für den jeweiligen Standort passend sind.

Die Zusammenarbeit mit anderen Kooperationspartner:innen wird je nach Bedeutung für den Ganztag und der Häufigkeit des Kontakts dargestellt, wie zum Beispiel die Kooperation mit Vereinen oder andern Jugendhilfeeinrichtungen oder auch Jugendamt, Psychologische Beratungsstelle, Inklusionsbegleiter:innen usw.

Die Mitarbeitenden im Ganztag identifizieren ihre Kooperationsparnter:innen anhand einer Netzwerkkarte bzw. Stakeholderanalyse.

Abb. 12: Stakeholderanalyse

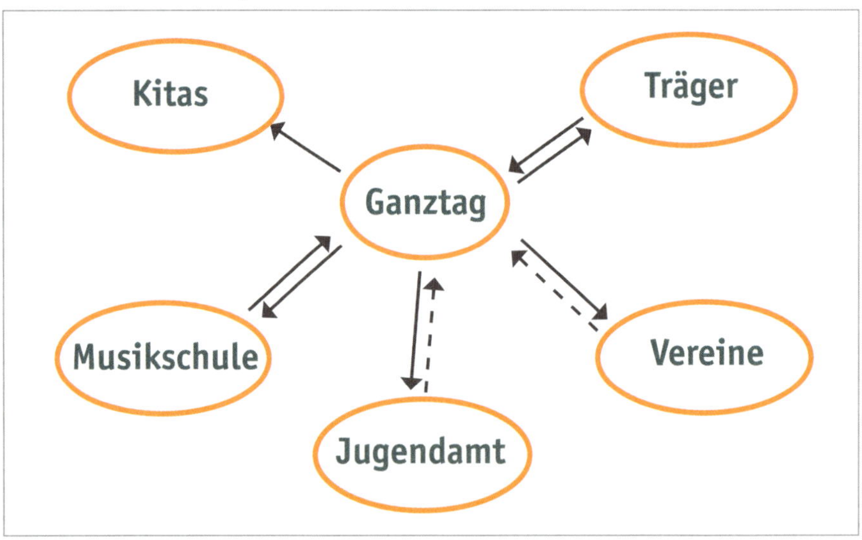

Eine Netzwerkkarte wird ähnlich wie ein Soziogramm angelegt. Auf einem Blatt wird die Institution in der Mitte platziert. Die Kooperationen werden um die Institution gruppiert. Je weiter von der Institution (z. B. Hort) entfernt, desto unwichtiger/seltener ist die Kooperation, je näher, desto wichtiger/häufiger.

Die Kooperation mit dem Träger ist ebenso ein Gliederungspunkt in der Konzeption wie die Öffentlichkeitsarbeit.

METHODE ZUR ERARBEITUNG

Zur Erarbeitung für alle in diesem Baustein aufgeführten Kooperationen
Zu Beginn wird der Begriff, hier zum Beispiel „Teamarbeit", erklärt. Danach werden vier bis fünf Ziele dazu formuliert – mithilfe der Frage: Wofür ist Teamarbeit notwendig? Welche Ziele verfolgen wir in unserer Zusammenarbeit? Danach erfolgt eine Aufzählung, in der aufgeführt ist, was alles zu einer erfolgreichen Teamarbeit gehört: Klausurtage, Teambesprechungen aller Akteur:innen, Konferenzen, kollegiale Beratung, Kindsbesprechung, Fort- und Weiterbildung, Coaching/Supervision. Entweder es bleibt bei dieser Aufzählung oder die einzelnen Punkte werden mit ein oder zwei Sätzen erklärt.

Mit dieser Vorgehensweise kann auch die Kooperation mit Eltern, Schule/Hort/Schulkindbetreuung usw. beschrieben werden.

Wenn es schneller gehen sollte, kann folgende Methode gewählt werden: Im Raum werden Flipcharts aufgehängt. Auf jedem Flipchart steht als Überschrift ein Kooperationspartner – multiprofessionelles Team, Eltern und Familien, Verein etc. Jede/r Mitarbeitende ist mit einem Stift ausgestattet, geht nun für sich von Plakat zu Plakat und schreibt die Gedanken zum jeweiligen Punkt dort nieder – als Stichwort oder auch als Halbsatz. Anschließend übernimmt eine Kleingruppe die Ausformulierung, vorausgesetzt, alle sind mit den Inhalten einverstanden.

5.1 Zusammenarbeit im Team/ in multiprofessionellen Teams

Ein Team ist eine Gruppe von Personen, die gemeinsam ein Ziel verfolgen. Es zeichnet sich durch gemeinsame Ziele und Werte aus, durch unmittelbare Zusammenarbeit, gemeinsame Spielregeln, Umgangsformen, eine klare Aufgabenverteilung und ein Wir-Gefühl (vgl. Gellert & Nowak 2010). Ein multiprofessionelles Team umfasst alle Fachkräfte, die auf Personalstellen beschäftigt sind. Multiprofessionell bezieht sich auf:

- die Anzahl der Berufsgruppen, die als pädagogisches Fachpersonal eingestellt sind,
- die Nähe der jeweiligen Ausbildungen zu den pädagogischen Kernaufgaben und
- den Anteil der anderen Qualifikationen am pädagogischen Personal insgesamt (vgl. Weltzien 2017: 9).

Prinzipiell gilt, dass die innere Qualität – und damit ist das Team gemeint – sich in der äußeren Qualität zeigt, wie der Wegbereiter des Qualitätsmanagements Joseph Moses Juran betont (vgl. Juran 1991).

Definition

Multiprofessionelles Team

Der Begriff „multiprofessionelles Team" verweist auf eine konzeptionelle Ebene. Dabei sind zwei Aspekte in den Blick zu nehmen:

1. Das Team, das sich aus unterschiedlichen Qualifikationen und Berufsabschlüssen zusammensetzt, und
2. das „multiprofessionelle Arbeiten", das auch additiv zum Thema einer Einrichtung (z. B. im Rahmen zeitlich begrenzter Projekte) oder in „interdisziplinären Settings" zum Tragen kommen kann, wie z. B. die runden Tische (vgl. Glöckner 2023: 226).

Die verschiedenen Formate des Ganztags für Kinder mittleren Alters bieten eine noch größere Vielfalt der Professionen als in den Kitas und Krippen. Denn die Rahmenbedingungen sind eben noch vielfältiger, unterliegen oftmals unklaren rechtlichen Bedingungen, bedingt durch die Landeshoheiten und die gesellschaftlichen Herausforderungen (vgl. Deuter Verein 2016).

Je multiprofessioneller ein Team zusammengestellt ist, desto deutlicher und achtsamer müssen die gemeinsamen Ziele für den Ganztag entwickelt werden, damit daraus ein Wir-Gefühl entstehen kann. Damit ein Team entsteht und sich entwickelt, braucht es verschiedene Bedingungen:

- Bewusste und wertschätzende Kommunikation
- Feedbackkultur – reflexives Verhalten
- Ressourcenorientiertes Arbeiten mit dem Fokus auf den Stärken der Teammitglieder
- Vertrauen in die Arbeit der Kolleginnen und Kollegen
- Konfliktmanagement; Konflikte werden aktiv und konstruktiv angegangen
- Gute Informationskultur
- Teampflege und Gesunderhaltung
- Transparente Strukturen
- Partizipative Leitung

Im Ganztag kann sich ein Team aus Lehrer:innen, pädagogischen Fachkräften, Schulsozialarbeit, Hauswirtschaftskräften, Schulleitung und Sozialpädagogischer Leitung zusammensetzen. Der wichtigste Faktor für das Gelingen der Zusammenarbeit ist die Anerkennung der jeweiligen Kompetenzen und der „berühmte" Umgang auf Augenhöhe.

Hinweis

Teamgröße & Teamarbeit

„Über die optimale Größe eines Teams gibt es verschiedene Untersuchungen. So kam eine Forschergruppe von der University of Michigan auf die ideale Zahl von neun Mitgliedern. Wissenschaftler von der medizinischen Fakultät Wien arbeiteten heraus, dass Teams ab 20 Personen nur schwer zu gemeinsamen Entscheidungen finden und die Mitglieder sich oftmals unversöhnlich gegenüberstehen. Ist das Team hingegen zu klein (unter fünf Mitglieder), entstehen oft nicht die typischen Synergieeffekte, die ein vielseitiges Team auszeichnen. Nun liegt es zwar nicht in der Hand der einzelnen Teammitglieder, wie groß oder klein ihr Team ist. Allerdings können diese Erkenntnisse in Überlegungen miteinfließen, wie sich Teamarbeit am besten gestalten lässt (Pfreundner 2018: 16 f.). So kann es im Ganztag durchaus sinnvoll sein, Untergruppen aus den jeweiligen Bereichen zu bilden und nur zu bestimmten Vorgängen oder Entscheidungen komplett zusammenzukommen. Untergruppen (Sub-teams) können dann auch andere Entscheidungswege nutzen als das Gesamtteam

METHODE ZUR ERARBEITUNG

Im ersten Schritt wird geklärt, wer alles zum Team gehört: Sind damit alle Akteur:innen im Ganztag gemeint? Oder sind es nur bestimmte Mitarbeitende im Ganztag, die den Kriterien eines Teams entsprechen?

Der Begriff der „Teamarbeit" wird definiert, damit allen Beteiligten deutlich wird, dass diese Kooperation zur täglichen Arbeit dazugehört und entwickelt werden muss. Denn nur weil Menschen zusammenarbeiten, sind sie noch lange kein Team.

Um Ziele der Zusammenarbeit zu erarbeiten, könnte eine Frage lauten: Was ist mir das Allerheiligste in der Zusammenarbeit mit meinem Team? Jedes Teammitglied schreibt dazu für sich drei bis fünf Begriffe oder Halbsätze auf und priorisiert in 1., 2., 3. … Danach wird die Placemat-Methode angewandt (s. o. S. 25).

In der Mitte der Vorlage befinden sich, wieder priorisiert, vier oder fünf Begriffe. Je nach Größe des Teams werden diese dann abermals priorisiert, zum Beispiel mithilfe von Klebepunkten. Aus diesen Begriffen werden dann die Ziele formuliert.

Die Formen der Teamarbeit werden zusammengetragen bzw. neu entwickelt, wie zum Beispiel kollegiale Beratung oder Kindsbesprechungen, Meetings vielleicht in unterschiedlichen Zusammensetzungen usw. Mit der Erarbeitung dieses Punktes findet gleichzeitig eine Reflexion der vorhandenen Teamarbeit statt. Nutzen Sie die Gelegenheit, sich gegenseitig Feedback im Team zu geben. Damit ist eine Rückmeldung zur Zusammenarbeit gemeint, was sie an dieser schätzen und was eventuell noch „mehr" entwickelt werden könnte. Die Frage könnte auch lauten: Welche Stärken hat unser Team? Was können wir besonders gut? Wo liegen unsere Chancen oder auch Risiken?

5.2 Kooperation Schule/Kinder- und Jugendhilfe

Entscheidend für diesen Punkt ist wieder die Art der Umsetzung des Ganztags. Wie zu Beginn der Konzeptionserarbeitung muss geklärt werden: Wie sieht „unser" Format des Ganztags aus? Verstehen wir uns als ein Haus, in dem es unterschiedliche Verteilungen der Aufträge und somit Aufgaben gibt? Oder ist die Kinder- und Jugendhilfe im Haus und übernimmt hauptsächlich die außerunterrichtlichen Aufgaben wie Mittagsband, Hausaufgaben und Nachmittagsbetreuung?

Wenn es um den Ganztag als Ganzes geht, dann braucht es diesen Punkt nicht in der Ausführlichkeit, da ein gemeinsames Selbstverständnis mit einer gemeinsamen Konzeption (von Anfang an) erarbeitet wird.

Sollte es sich eher um die zweite Variante handeln, dann muss ein Kooperationskonzept von Schule und Kinder- und Jugendhilfeeinrichtung erarbeitet werden.

Der Hort oder die Schulkindbetreuung profiliert sich mit seiner entwickelten Konzeption, um allen Kooperationspartner:innen den eigenen Auftrag, Ziele und deren Umsetzungen transparent zu machen.

Im Folgenden geht es um die Entwicklung eines Kooperationskonzeptes von Schule und Kinder- und Jugendhilfeeinrichtung:

Um professionelle Zusammenarbeit zu entwickeln, braucht es ein Konzept, manche Kommunen fordern einen Kooperationsvertrag. Für dieses Konzept werden die gegenseitigen Erwartungen abgeklärt und der jeweilige Auftrag transparent dargestellt. Oftmals wissen die Partner:innen zu wenig aus dem Alltag des anderen. Es empfiehlt sich, den Gewinn der Kooperation herauszuarbeiten und offen über eventuelle Vorurteile zu sprechen. Die Intensität der Zusammenarbeit wird nach dem Bedarf festgelegt, denn je mehr die beiden Systeme aufeinandertreffen, wie in einer Ganztagsschule, desto mehr Inhalte müssen geregelt werden.

Ein häufig genannter Unzufriedenheitsfaktor sind die Hausaufgaben. Denn je nach Lehrkraft gibt es individuelle Anforderungen und Erwartungen für die Erledigung derselben. Es wäre ein Einfaches, hierzu gemeinsame Kriterien, unter Berücksichtigung des Auftrags der Einrichtung, festzulegen. Dafür können die Gedanken im Kapitel 4.4 genutzt werden. Oder die Kinder- und Jugendhilfeeinrichtung wird für ausschließlich für „Lücken" im Ganztag genutzt, nicht aber mit ihrer Kompetenz für die soziale-emotionale Entwicklung des Kindes.

Nach wie vor gibt es immer wieder Kooperationsprobleme. „Die Differenzen pädagogischer Konzepte zwischen den Berufsgruppen sollten in einer gelingenden Zusammenarbeit akzeptiert, genutzt, als Kontinuum von Gestaltungsoptionen verstanden werden, das problem-, themen- und situationsbezogen je unterschiedlich und variabel ausgeschöpft wird" (Maykus 2011).

Hinweis

Deshalb gilt eine Forderung aus dem Positionspapier (2020) der Bundesarbeitsgemeinschaft für Bildung und Erziehung in der Kindheit e.V. (BAG-BEK)/AG Kinder zwischen 6 und 12 Jahren:
„Inklusive und ganzheitliche Bildung, Erziehung und Betreuung in pädagogischen Einrichtungen für Kinder im Grundschulalter ist nur kooperativ zwischen Schule und Kinder- und Jugendhilfe durch gleichwertige Arbeit in multiprofessionellen Teams umsetzbar, zwischen u. a. Lehrkräften, pädagogischen Fachkräften, Schulsozialarbeiter*innen und ggf. andere Fachdienste. Für alle beteiligten Akteur*innen, insbesondere für die Grund- und weiterführenden Schulen, muss ein Kooperationsgebot analog § 22a Abs. 2 SGB VIII in den Schulgesetzen der Länder implementiert werden, um kooperative partnerschaftliche Zusammenarbeit zu gewährleisten."

Beispiel aus der Praxis

Kooperationsvertrag zwischen 100. Schule und Hort Leipzig

1. Grundvoraussetzungen

Grundschule und Hort sind eigenständige, gleichberechtigte und miteinander korrespondierende Einrichtungen, welche einen wesentlichen Einfluss auf die Persönlichkeitsentwicklung der Kinder haben.

Ziel der Kooperationsvereinbarung zwischen Grundschule und Hort ist es, die Zusammenarbeit beider Einrichtungen zu vertiefen und den Kindern auf

Grundlage eines gemeinsamen pädagogischen Konzeptes optimale Bedingungen während ihres Aufenthaltes in Schule und Hort zu verschaffen. Durch den Ausbau von Ganztagsangeboten in Zusammenarbeit von Schule und Hort kann der gesamte Schulalltag der Kinder rhythmisiert und dem Biorhythmus besser angepasst werden. Im Mittelpunkt stehen die Lust am Lernen, ganzheitliche Bildungsangebote und Chancengleichheit für alle Kinder. Die Ganztagsangebote sollen auf qualitativ hohem Niveau weiterentwickelt werden, wobei die Potenzen der Lehrpläne ebenso genutzt werden, wie die sich aus dem Bildungsauftrag des Hortes ergebenden Möglichkeiten.
Da LehrerInnen und ErzieherInnen Stärken und Schwächen der ihnen anvertrauten Kinder kennen, können Ganztagsangebote schulspezifisch und bedarfsorientiert entwickelt werden. Leistungsdifferenzierte Förderung und Forderung der einzelnen Schüler sollen durch gemeinsame Projekte ebenso wie durch vielseitige Freizeitangebote ergänzt werden.
Schüler sollen zu hohen Lernleistungen in einer anregenden Lernumgebung motiviert und zu sinnvoller Freizeitgestaltung angeregt werden. Großer Wert wird auf die Eigeninitiative der Kinder, auf ihre Selbstorganisation, Selbstverwaltung und Mitbestimmung gelegt. Die Schüler sollen die Schule als Lern- und Erfahrungsort ansehen, an dem sie sich auch gern am Nachmittag aufhalten. Die verlässliche Nachmittagsbetreuung wird durch den Schulhort abgesichert.

METHODE ZUR ERARBEITUNG

Um Hürden in der Kooperationspraxis zu überwinden, ist ein Konzept dazu zwingend erforderlich. Dazu im Folgenden praktische Impulse.

Vorgehensweise:

1. Ist-Stand

Wo stehen wir mit unserer Kooperation? Mithilfe der Stakeholderanalyse (siehe Abb. 13) beantwortet das jeweilige System diese Frage.

2. Erwartungen klären

Im Team/Kollegium die möglichen Erwartungen aus der jeweilige Perspektive Eltern, Hort/Schulkindbetreuung und Schule benennen. Jeweils eine Kleingruppe schreibt die Erwartungen auf: Eltern an die Schule und Schulkindbetreuung/Hort,

Abb. 13: Stakeholderanalyse Kooperationspraxis

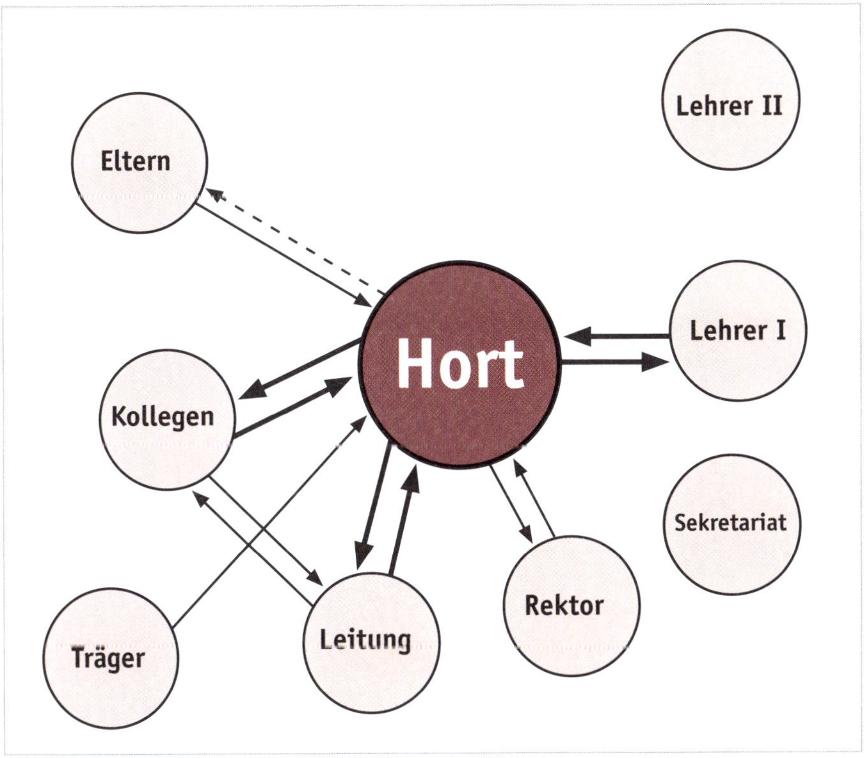

Quelle: Eigene Erarbeitung (U. Glöckner)

Schulkindbetreuung/Hort an Schule und Eltern, Schule an Eltern und Schulkindbetreuung/Hort. Als Fazit wird gemeinsam der Gewinn einer Kooperation für alle beschrieben.

3. Biografiearbeit – optional

Wie sehen meine eigenen Erlebnisse und Erfahrungen bezüglich Schule und „Fremdbetreuung" aus? Wie beeinflussen mich diese Erfahrungen bezüglich der Kooperation? Was ist förderlich? Was ist hinderlich?
Jede/r arbeitet für sich alleine, um sich der eigenen Bilder und evtl. Vorurteile klarzuwerden. Nach der Einzelarbeit erfolgt ein Austausch mit einem Gegenüber.

4. Auftrag und Bildungsverständnis der Schule – Auftrag und Bildungsverständnis der Kinder- und Jugendhilfeeinrichtung

Auftrag und Bildungsverständnis werden vom jeweiligen System definiert und zusammengefasst. Mit diesen Ergebnissen wird im weiteren Verlauf ein gemeinsames Bildungsverständnis definiert. Dazu ist der Gliederungspunkt – Definition Bildung und Erziehung (siehe Kap. 3.3) hilfreich.

5. Ziele

Welche Ziele für die Kooperation sind uns wichtig? Die Ziele werden gemeinsam im Plenum gesammelt, priorisiert und festgeschrieben.

Abb. 14: Kooperationsziele

ZIELE FÜR DIE KOOPERATION

- Transparenz
- Gleichberechtigung
- ganzheitlicher Blick auf das Kind
- klare Kommunikationsweise
- Vorurteile abbauen
- Alle ziehen an einem Strang
- Chancengleichheit
- Klarheit über Aufgaben + Zuständigkeiten

Quelle: Eigene Erarbeitung (Glöckner)

6. Arbeit an festgelegten Bereichen

Nach den Erwartungen werden die Bereiche festgelegt, die für eine Kooperation sinnvoll sind. Das sind die Hausaufgaben, die Nutzung der Räume, Zeitstruktur, gemeinsame Meetings, Jour fixe der Leitungen usw.

Diese Analyse kann genutzt werden, um herauszufinden mit welchen Inhalten die Kleingruppen starten wollen. Vielleicht spielen andere Bereiche für sie eine Rolle, die mit der Methode des Spinnennetzes bewertet werden können (siehe Abb. 15).

In den Kleingruppen werden gemeinsame Lösungen diskutiert und festgelegt.

Abb. 15: Spinnenmatrix

Mit der „Spinnenmatrix" finden Sie mit Ihren Teams den Einstieg.
Die Teams aus Grundschule und Hort schätzen getrennt voneinander jedes Handlungsfeld ein. Markieren Sie die Bewertungen mit unterschiedlichen Farben (z. B. Hortteam = blau, Grundschulteam = rot).

- 10 Punkte = Die Kriterien eines Handlungsfeldes werden zu 100 Prozent erfüllt.
- 0 Punkte = Die Kriterien eines Handlungsfeldes werden zu 0 Prozent erfüllt.

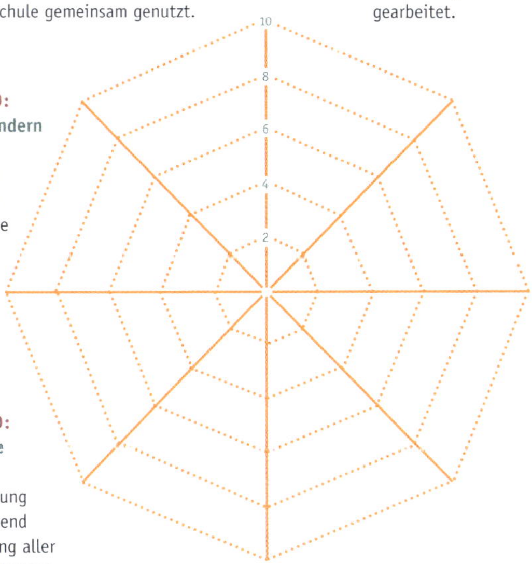

1 HANDLUNGSFELD:
Geklärtes Bildungsverständnis aller Professionen
Es wird nach einm zwischen allen Professionen abgestimm-ten Bildungsverständnis gearbeitet.

2 HANDLUNGSFELD:
Kindgerechtes Zeitstrukturmodell
Es existiert ein dem kindlichen Biorhythmus entsprechendes Zeitstrukturmodell für den ganzen Tag.

3 HANDLUNGSFELD:
Lern- und Entwicklungskonzept
Es gibt zwischen Hort und Schule abgestimmte individuelle Lern- und Entwicklungskonzepte für jedes Kind.

4 HANDLUNGSFELD:
Kooperation mit außerschulischen Partnern
Es gibt einen gemeinsamen strukturellen und inhaltlichen Rahmen für die Kooperation mit außerschulischen Partnern.

5 HANDLUNGSFELD:
Ernährung und Bewegung
Gesunde Ernährung und ausreichend Bewegung sind als Themen konzeptionell verankert und finden in Schule und Hort täglich Beachtung.

6 HANDLUNGSFELD:
Multiprofessionelle Personalplanung
Personalbedarfsplanung geschieht entsprechend Kenntnis und Nutzung aller vorhandenen Kompetenzen am Standort

7 HANDLUNGSFELD:
Beteiligung von Kindern und Eltern
Die Beteiligung von Kindern und Elteren wird durch vielfältige und verständliche Methoden ermöglicht.

8 HANDLUNGSFELD:
Raumnutzung
Alle Räume und Freiflächen sind kindgerecht, funktional, ansprechend und werden von Hort und Schule gemeinsam genutzt.

Quelle: Deutsche Kinder- und Jugendstiftung 2014: 17

5.3 Kooperation mit Eltern und Familien

Ohne Eltern geht es nicht – die gute Zusammenarbeit mit den Eltern ist die Voraussetzung für das Wohl des Kindes. Das Beziehungsdreieck macht das deutlich: Die Beziehung der Pädagog:innen zum Kind spiegelt sich in der Beziehung zu den Eltern. Die Beziehung der Pädaog:in zu den Eltern zeigt sich in der Beziehungsgestaltung zum Kind. Deshalb sind in der Kooperation Transparenz und eine gute Kommunikation erforderlich.

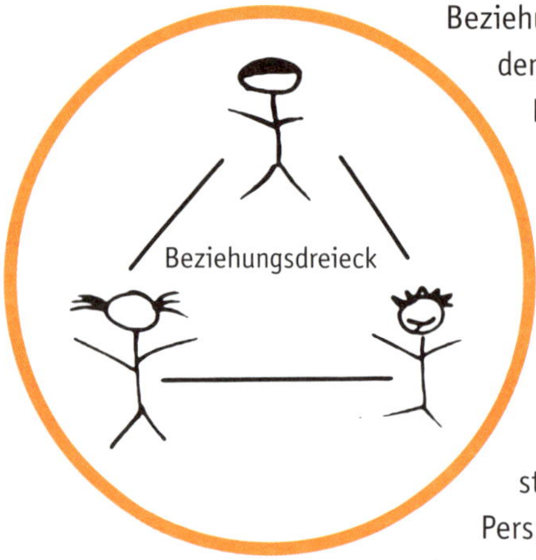

Der Fokus der Eltern liegt auf dem Wohlbefinden und der Entwicklung des Kindes, genauso wie die Vereinbarkeit von Familie und Beruf. Die Eltern erwarten eine individuelle Förderung als auch eine Ermutigung für ihr Kind.

Die Teilstudie StEG-Bildungsorte hat diverse Teilfragestellungen untersucht. An dieser Stelle ist für jede Perspektive (Eltern, Kinder, Jugendliche) exemplarisch ein zentrales Ergebnis dargestellt:

(1) Aus Sicht der Eltern spielt der Ganztag bei der Suche nach einer passenden weiterführenden Schule für ihr Kind nur eine untergeordnete Rolle. Wird die zukünftige Schule des Kindes kein Gymnasium sein, ist ein Ganztagsangebot in der Sekundarstufe jedoch für ein gutes Drittel der Eltern wichtig. Gleichzeitig ist hiermit in dieser Elterngruppe der Wunsch nach individueller Förderung in Form eines gezielten Eingehens auf Stärken und Schwächen der Kinder verbunden (StEG 2019).

Die Haltung der Pädagog:innen zu den Eltern spielt eine wesentliche Rolle: Welche Meinung habe ich über ein bestimmtes Elternteil? Inwieweit stimme ich mit den Vorstellungen der Eltern überein? Welche Rolle spielen die Eltern im Ganztag? Zeigen sie Interesse an einer Zusammenarbeit? Sind Eltern für Eltern da? Gibt es unterstützende Maßnahmen für die Eltern? Werden alle Eltern erreicht und gibt es ein bestimmtes Vorgehen?

Folgende Faktoren tragen zu einer erfolgreichen Zusammenarbeit bei:

- Eltern sind (und bleiben) die wichtigsten Bezugspersonen des Kindes.
- Eltern und Pädagog:innen tragen gemeinsam für das Wohl des Kindes in verschiedenen Lebensbereichen Verantwortung.
- Kinder dürfen nicht in Loyalitätskonflikte zwischen Elternhaus und dem Ganztag geraten.

- Eltern fühlen sich zunehmend verunsichert; sie nehmen die Pädagog:innen in aller Regel deshalb gerne als Unstützer:innen und Berater:innen an.
- Beschwerden offen vorgetragen und professionell beantwortet, gehören ebenfalls zu einer guten Kooperation (siehe Kap. 4.7).
- Eltern mit unterschiedlichem kulturellem und sozioökonomischem Hintergrund erfahren im Ganztag eine Atmosphäre des Willkommenseins und der Inklusion.

Auszug aus der Konzeption IB – Hort „Am Glacis" Magdeburg:
- „**Elternarbeit**" durch Infotafeln, Elternbefragungen, Feste und Feiern wie Vaterzeit und Familienzeit, Elternabende, gemeinsame Projekte, bis hin zu Kriseninterventionen oder intensiven Entwicklungsgesprächen,
- unseren „Hort am Glacis" sehen wir als **Ort der Begegnung** und pflegen einen partnerschaftlichen Dialog auf Augenhöhe.

Beispiel aus der Praxis

METHODE ZUR ERARBEITUNG

Die Akteur:innen aus dem Ganztag, die zu diesem Gliederungspunkt arbeiten, beschäftigen sich im Vorfeld mit den Fragen, wie sie gemeinsam die Kooperation gestalten möchten: Welche Angebote gibt es im Jahreslauf, welche Feste und Feiern? Werden die Elterngespräche mit allen Pädagog:innen aus dem Ganztag geführt, also Lehrkräfte, pädagogische Fachkraft und evtl. Schulsozialarbeit?

Für die Konzeption wird wieder definiert, was die Kooperation Eltern und Familie im pädagogischen Kontext bedeutet. Dann werden die Ziele erarbeitet: Was braucht es für eine gute Zusammenarbeit mit den Eltern und Familien? Wie würde ich gerne mit den Pädagog:innen zusammenarbeiten, wenn ich ein Elternteil wäre?

Anschließend werden die Formen der Kooperation zusammengetragen. Entweder besteht der Text lediglich aus einer Aufzählung, oder die jeweilige Form wird mit einem Satz erklärt.

Das Beschwerdemanagement wird auch hier, wie bei den Kindern, für die Eltern dargestellt und Formate gefunden, die Beschwerden ermöglichen, wie regelmäßige Elternbefragungen, Feedbackrunden nach Elternabenden, Festen und sonstigen Veranstaltungen, Rückmeldungen bei den Elterngesprächen etc.

5.4 Zusammenarbeit mit außerschulischen Partner:innen

Die Reflexion der Zusammenarbeit mit anderen Institutionen hat zum Ziel, zu überprüfen, wie bereits vorhandene oder neue Ressourcen für Kinder und Eltern genutzt werden bzw. besser genutzt werden können. Ein weiterer Vorteil der Auseinandersetzung mit diesem Thema besteht darin, dass die Akteur:innen den Sozialraum der Familien besser kennenlernen. Damit entsteht ein Einblick in die Lebenswelten der Familien.

Der Austausch mit unterschiedlichen Disziplinen und Institutionen erweitert den Blick, verschiedene Perspektiven werden hinzugewonnen. Die Bündelung der vielfältigen, unterschiedlichen Kompetenzen kann zur Früherkennung, verbesserten Förderung und zu der Verwirklichung gemeinsamer Ziele führen.

Für die Horte oder Horte an der Schule besteht ein gesetzlicher Auftrag zur Zusammenarbeit „mit anderen kinder- und familienbezogenen Institutionen und Initiativen im Gemeinswesen, insbesondere solchen der Familienbildung und -beratung" (§ 22a Abs. 2 SGB VIII).

Für den Ganztag kann wieder die Methode der Netzwerkkarte genutzt werden, um alle Kooperationspartner:innen aufzuzeigen, die im Ganztag auch Angebote für Kinder machen.

METHODE ZUR ERARBEITUNG

Eine Netzwerkkarte oder Netzwerkmatrix zu den Kontakten der Einrichtung wird erstellt.

Netzwerkkarten können unterschiedlich dargestellt werden. Zu empfehlen ist hier, den Ganztag in die Mitte eines Flipcharts zu zeichnen und die anderen Institutionen, je nach Intensität der Zusammenarbeit, um die Einrichtung herum zu platzieren. Neben den verschiedenen Institutionen können dann auf Postits die Bewertungen für die Zusammenarbeit festgehalten werden. Der Austausch darüber findet im Plenum oder in Kleingruppen statt:

- Mit wem arbeiten wir zusammen?
- Welche Institutionen gibt es in naher Umgebung, mit denen eine Zusammenarbeit nützlich wäre?
- Wie gut ist die jeweilige Zusammenarbeit?
- Kennen diese Partner:innen unsere Konzeption?
- Wie aufwändig ist die Zusammenarbeit?

Beispiel für eine Netzwerkmatrix

Institution/Person	Einschätzung von −2 bis +2 (−2 = negativ/ schlecht, +2 = positiv/gut)	Entwicklungsbedarf	Bemerkung
Schule	0	ja	Gemeinsame Zielsetzung für unsere Zusammenarbeit
Lesepatin	+2	nein	Hohe Verbindlichkeit
Frühförderstelle	+1	ja	Kontakt pflegen und sich kennenlernen
etc.			

Im nächsten Schritt werden die Ziele für die Kooperation mit allen beteiligten Institutionen zusammengetragen und die Kooperationspartner anschließend einzeln aufgezählt: Jugendamt, Lesepate, Verein XY etc. Sollte diese Aufzählung Ihrer Meinung nach zu wenig informativ sein, wird die Zusammenarbeit jeweils kurz beschrieben.

5.5 Kooperation mit dem Träger

Die Träger der Kinder- und Jugendhilfe sind gesetzlich verpflichtet, für die Erarbeitung der Konzeption, für Qualitätsentwicklung und Evaluation in ihren Einrichtungen zu sorgen (§§ 22, 45, 79 SGB VIII).

Welche weiteren Aufgaben haben die Träger? Je nach Trägerschaft gibt es unterschiedliche Strukturen und Zuständigkeiten für die Einrichtungen. In kleinen Kommunen ist das Hauptamt zum Beispiel direkter Ansprechpartner, in größeren der vorhandene Fachdienst. Die Träger haben unter anderem die Verantwortung für die Führung der Einrichtungen, die Bewahrung des Kindeswohls, die Gesunderhaltung und Qualifizierung des Personals sowie dafür, Gefährdungen zu erkennen und prompt darauf zur reagieren. Die Informationswege zu Leitung und gesamter Einrichtung sollten klar und transparent gestaltet sein.

METHODE ZUR ERARBEITUNG

Die Struktur des Trägers und die Verantwortlichen in ihrer Funktion werden beschrieben. Hier kann ein Organigramm hilfreich sein.
Die Ziele für die Zusammenarbeit mit dem Träger sind zum Teil – wie bereits erwähnt – in den Gesetzestexten (§§ 22, 45 SGB VIII) zu finden. Das Team schreibt darüber hinaus die Erwartungen, die es an den Träger hat, auf. Jede Erwartung wird auf einer Moderationskarte festgehalten, die Karten werden anschließend nach Oberbegriffen geclustert. Daraus werden nun die Ziele der Zusammenarbeit abgeleitet und formuliert. Der Träger kann auch in die Zielformulierung miteinbezogen werden.

5.6 Öffentlichkeitsarbeit

Die Öffentlichkeitsarbeit ist ein zentrales Instrument, um auf sich aufmerksam zu machen und präsent zu sein – ganz nach dem bekannten Motto: „Tue Gutes und rede darüber."

Zu den **grundlegenden Aufgaben** der Öffentlichkeitsarbeit gehören:
Kommunikation: Herstellung und Pflege von Kontakten, vor allem zum Kooperationspartner Schule, dem Träger, der den Rahmen stellt, sowie natürlich zu den Kindern und deren Eltern, die vielseitige Erwartungen mit einbringen. Arbeiten mit einer App für Eltern.
Redaktion: Verfassen von Pressemitteilungen, Broschüren und Berichten, wie zum Beispiel ein Jahresbericht über die Arbeit im Ganztag, eine Pressemitteilung über eine gelungene Aktion oder ein Artikel in einer Fachzeitschrift.
Kreation: Angemessene Gestaltung der Druckerzeugnisse, ein aktueller, informativer Internetauftritt der Einrichtung.
Management – die Organisation der Öffentlichkeitsarbeit: Wer aus dem Team übernimmt welche Aufgabe? Welche Ressourcen und Talente sind vorhanden? Planung und Entscheidung über die Mittel, die eingesetzt werden (vgl. Glöckner 2023: 211–213).

Ziele der Öffentlichkeitsarbeit können sein:
- Darstellung der professionellen Arbeit und der fachlichen Positionierung und damit Profilierung der Einrichtung und der pädagogischen Fachkräfte
- Stärkung des Selbstwertes der Mitarbeitenden
- Vernetzung und offene Kommunikationskultur mit den Eltern

- Politische Ansprechpartner für Diskussionen und Beratungen wahrnehmen
- Stärkung der Kommunikation nach innen und außen
- Orientierung für Kinder, Eltern, Mitarbeitende und Lehrkräfte
- Darstellung der Arbeit zur Information für kooperierende Institutionen

Auch die Konzeption für den Ganztag ist eine Form der Öffentlichkeitsarbeit, zum Beispiel für Fach- und Hochschulen, die den Bereich Kinder mittleren Alters noch auszubauen haben.

Die Konzeption weist das Corporate Design des Trägers und des Hauses aus.

METHODE ZUR ERARBEITUNG

Jede/r Akteur:in schreibt auf Moderationskarten, welche Formen der Öffentlichkeitsarbeit sie in der Einrichtung wahrnimmt und welche sie gerne entwickeln möchte.

Im zweiten Schritt wird das „Wofür" reflektiert. Die Frage lautet: Was haben wir, die Eltern, die Kinder, der Stadtteil von unserer Öffentlichkeitsarbeit? Aus den Antworten auf diese Frage werden dann die Ziele abgeleitet und die jeweiligen Maßnahmen dazu aufgelistet.

6. Konzeptionsbaustein V: Qualitätsmanagement

Die Konzeption macht die Qualität der pädagogischen Arbeit sichtbar und wird nach und nach um festgeschriebene Standards erweitert. „Die Gesamtqualität einer Einrichtung ist umso höher, je besser es gelingt, die unterschiedlichen Erwartungen und Wünsche aller Interessenspartner/innen zu vermitteln und diese im Rahmen einer optimalen Organisationsstruktur und unter Einhaltung einer möglichst hohen Fachlichkeit umzusetzen" (Erath & Amberger 2000: 58).

Nach DIN EN ISO 553550, Teil 11 meint „hohe Qualität die Beschaffenheit einer Sache, wenn sie sich dazu eignet, festgelegte und vorausgesetzte Erfordernisse zu erfüllen". Das heißt, dass die Erfordernisse eruiert werden. In dieser Definition liegt keine Bewertung, sie erfolgt durch die verschiedenen Qualitätsdimensionen und eine davon ist die subjektive.

Qualität kann auf verschiedene Weise erhoben werden:

- Normativ-individualistisches Konzept – Qualität als persönliche Qualität
- Fachlich-normatives Konzept – gleiche Qualitätsstandards in allen pädagogischen Einrichtungen
- Dialogisches Konzept – Pädagogische Qualität als Diskursqualität
- Organisationales Konzept – Qualität als Systematisierung von Abläufen (DIN EN ISO 9000 ff, EFQM)

Und sie wird in verschiedenen Bereichen entwickelt (siehe Abb. 16)

Da Qualität kein feststehender Begriff ist, ist es Aufgabe der Leitung oder des Leitungsteams des Ganztags, die unterschiedlichen Erwartungen und Bedürfnisse der verschiedenen Beteiligten zu kennen und in eine angemessene Organisationsstruktur zu bringen. Die Qualität wird in verschiedenen Bereichen entwickelt: Die Orientierungsqualität (siehe Kap. 3) bezieht sich auf die Haltung der Fachkräfte und die Ziele der Einrichtung, die Strukturqualität (siehe Kap. 2) gibt den Rahmen vor, in dem die Führungskraft in Organisation und Management die Prozessqualität (siehe Kap. 4), also die Umsetzung der pädagogischen Arbeit, definiert. Die Kontextqualität steht für das Umfeld, in dem sich die Beteiligten bewegen und die Einrichtung sich befindet – der sozial-ökokulturelle Kontext.

Abb. 16: Bereiche der Qualitätsentwicklung

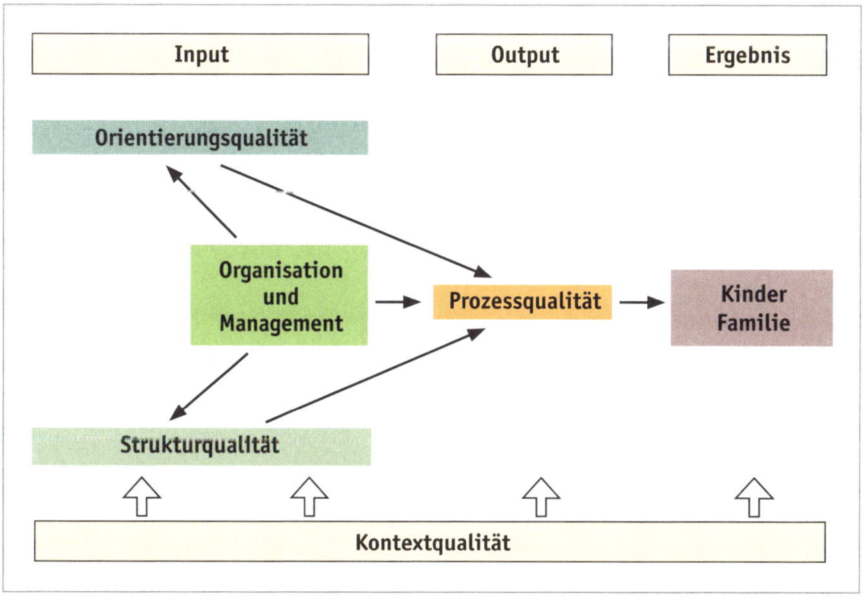

Quelle: Eigene Darstellung, nach Viernickel 2006

Qualitätsentwicklung ist Aufgabe der Schulen als auch der Einrichtungen der Kinder- und Jugendhilfe.
In der Kinder- und Jugendhilfe ist die Qualitätsentwicklung gesetzlich verankert:

Gesetzliche Grundlagen

§ 22a Abs. 1 SGB VIII: Die Träger der öffentlichen Jugendhilfe sollen die Qualität der Förderung in ihren Einrichtungen durch geeignete Maßnahmen sicherstellen und weiterentwickeln. Dazu gehören die Entwicklung und der Einsatz einer pädagogischen Konzeption als Grundlage für die Erfüllung des Förderungsauftrages sowie der Einsatz von Instrumenten und Verfahren zur Evaluation der Arbeit in den Einrichtungen.
§ 22a Abs. 5 SGB VIII: Die Träger der öffentlichen Jugendhilfe sollen die Realisierung des Förderungsauftrages nach Maßgabe der Absätze 1 bis 4 in den Einrichtungen anderer Träger durch geeignete Maßnahmen sicherstellen.
§ 45 Abs. 3 SGB VIII: Zur Prüfung der Voraussetzungen hat der Träger mit dem Antrag die Konzeption der Einrichtung vorzulegen, die auch Auskunft über Maßnahmen der Qualitätsentwicklung und -sicherung gibt, (...).

§ 79a SGB VIII: Qualitätsentwicklung in der Kinder- und Jugendhilfe
Um die Aufgaben der Kinder- und Jugendhilfe nach § 2 zu erfüllen, haben die Träger der öffentlichen Jugendhilfe Grundsätze und Maßstäbe für die Bewertung der Qualität sowie geeignete Maßnahmen zu ihrer Gewährleistung für

1. die Gewährung und Erbringung von Leistungen,
2. die Erfüllung anderer Aufgaben,
3. den Prozess der Gefährdungseinschätzung nach § 8a
4. die Zusammenarbeit mit anderen Institutionen

weiterzuentwickeln, anzuwenden und regelmäßig zu überprüfen. Dazu zählen auch Qualitätsmerkmale für die Sicherung der Rechte von Kindern und Jugendlichen in Einrichtungen und ihr Schutz vor Gewalt.

Für die Entwicklung der Qualität im Ganztag gibt es inzwischen viele Positionspapiere wie:

- DKJS – „Ganztagsschule und Pandemie: Die Potenziale des guten Ganztags" Ein Positionspapier der Deutschen Kinder- und Jugendstiftung
- Rechtsgutachten von Prof. Friederike Wapler im Auftrag der Bertelsmann Stiftung „Chancen guten Ganztags für Kinder im Grundschulalter: menschenrechtliche Perspektiven" (2020)
- Positionspapier der Bundesarbeitsgemeinschaft für Bildung und Erziehung in der Kindheit e.V. (BAG-BEK) zum Rechtsanspruch auf Bildungs- und Betreuungsangebote für Kinder im Grundschulalter (2020)
- Positionspapier der Landesarbeitsgemeinschaft der Freien Wohlfahrtspflege NRW zum Rechtsanspruch auf Ganztagsbetreuung für Grundschulkinder (2020)
- Stellungnahme des Bundesjugendkuratoriums „Für einen Rechtsanspruch auf Ganztagsbetreuung für Kinder im Grundschulalter – Kinderrechte stärken, Bildungsqualität für alle gestalten" (2020)
- Debattenbeitrag von AWO Bundesverband, Bertelsmann Stiftung, Robert Bosch Stiftung und Stiftung Mercator „Einen guten Ganztag auf der Grundlage eines integrierten Bildungsverständnisses schaffen!" (2020)
- Beschluss der Jugend- und Familienministerkonferenz und der Kultusministerkonferenz „Entwicklung und Ausbau einer kooperativen Ganztagsbildung in der Sekundarstufe I" (2020)
- Zwischenruf der Arbeitsgemeinschaft für Kinder- und Jugendhilfe – AGJ „Guter Ganztag?! Rechtsanspruch auf Ganztagsbetreuung im Grundschulalter mit Qualität verbinden" (2020)

- Debattenbeitrag der Caritas „Rechtsanspruch auf Ganztagsbetreuung für Kinder im Grundschulalter" (2020)
- Positionspapier der Arbeitsgemeinschaft der deutschen Familienorganisationen (AGF) e.V. „Anforderungen an die Qualität der Ganztagsbetreuung für Kinder im Grundschulalter aus Familienperspektive" (2020)
- Broschüre der Diakonie Deutschland „Kindern eine Stimme geben – für einen kindgerechten Ganztag im Grundschulalter" (2020)
- Positionspapier der Arbeitsgemeinschaft für Kinder- und Jugendhilfe – AGJ „Kind- und jugendgerechte Ganztagsbildung" (2019)
- Zwischenruf des Bundesjugendkuratoriums zur aktuellen politischen Debatte „Rechtsanspruch auf Ganztagsbetreuung für Kinder im Grundschulalter" (2019)
- Empfehlungen des Deutschen Vereins zur Implementierung und Ausgestaltung eines Rechtsanspruches auf ganztägige Erziehung, Bildung und Betreuung für schulpflichtige Kinder in der Grundschulzeit (2019)
- 23 Thesen der Deutschen Kinder- und Jugendstiftung für eine gute Ganztagsschule im Interesse der Kinder (2019, unter Einbindung der Initiative für Große Kinder e.V.)
- Standpunkt Ganztagsschule des Grundschulverbands „Mehr Zeit für Kinder. Das Recht auf eine qualitätsvolle ganztägige Bildung" (2019)

Jedes Bundesland hat Handreichungen für die Entwicklung der Qualität an Schulen/Ganztagsschulen entwickelt, wie „Qualitätsrahmen für gebundene/offene Ganztagsschulen" (Bayern) oder „Orientierungsrahmen zur Schulqualität" in Baden-Württemberg, Bremen und Niedersachsen usw. Die Kriterien und die Inhalte von Qualität sind in diesen Handreichungen unterschiedlich. Für die Entwicklung der Konzeption bieten die Rahmenausführungen für das jeweilige Bundesland eine Grundlage.

Es gibt auch verschiedene Instrumente in Horten und außerunterrichtlichen Angeboten wie auch in offenen Ganztagsgrunschulen:

- Hort- und Ganztagsangebote-Skala (HUGS) zur Feststellung und Unterstützung pädagogischer Qualität in Horten und außerunterrichtlichen Angeboten (Tietze et al. 2007)
- Qualität für Schulkinder in Tageseinrichtungen und offenen Ganztagsgrundschulen (QUAST), ein Kriterienkatalog (Strätz et al. 2008)
- Qualität aus Kindersicht ist ein weiterer Zugang zur Entwicklung von Qualität. Hierzu haben Bastian Walther, Iris Nentwig-Gesemann und Florian Fried aktuell geforscht: „Ganztag aus der Perspektive von Kindern im Grundschulalter. Eine Rekonstruktion von Qualitätsbereichen und- dimensionen" (2021). In einem

Prozess konnten 14 Qualitätsdimensionen in vier Qualitätsbereichen ausgemacht werden.

Die Studie zur Entwicklung von Ganztagsschule (StEG) hat seit 2004 den Ausbau von Ganztagsschulen wissenschaftlich begleitet. Ausführliche Informationen finden sich auf der Website des Projekts (https://steg.dipf.de/de). Zusammenfassend wurde festgestellt: Aus pädagogischer Sicht sind die Belege für die Wirksamkeit guter Ganztagsangebote auf Sozialverhalten, Motivation und Selbstkonzept hochrelevant. Insgesamt unterstützen Ganztagsangebote vor allem die psychosoziale Entwicklung (vgl. StEG 2019: 5)

Qualitätsentwicklung, die über die Konzeptionsentwicklung hinausgeht, kann damit beginnen, sich über die mögliche Vorgehensweise Gedanken zu machen, alle relevanten Handreichungen, Gesetze, Instrumente für die Qualitätsentwicklung zu sichten.

Zuerst können die Schlüsselprozesse für den Ganztag identifiziert werden. Dazu gehört das Mittagessen, der Tagesablauf mit seiner Rhythmisierung, die Hausaufgaben bzw. individuelle Lernzeit, Partizipation und das freie Spiel. Die wichtigsten Prozesse werden in die kleinste Einheit gebracht, in Standards festgehalten. Diese Standards sind so beschrieben, dass die pädagogische Handlung für jede/n Pädagog:in nachvollziebar und auch umsetzbar ist. Der Ganztag wird als lernende Organisation begriffen, und diese Haltung wird von den Akteur:innen im Ganztag gelebt. Die Pädagog:innen bilden sich regelmäßig fort und weiter, um in einem immer komplexeren und anspruchsvoller werdenden Berufsfeld den vielfältigen und umfangreichen Anforderungen gerecht zu werden. Ein Anfang wäre dazu, gemeinsame Fortbildungen für Lehrkräfte und sozialpädagogische Fachkräfte.

METHODE ZUR ERARBEITUNG

In der Konzeption finden sich wieder das Verständnis von Qualität, das Warum – die Ziele, und dann, wie die Qualitätsentwicklungssicherung und -verbesserung umgesetzt wird. Die Ziele können auf Moderationskarten gesammelt werden, vielleicht gibt es eine Qualitätsbeauftrage im Team, die diese Sitzung leiten könnte. Die Mitarbeitenden sammeln, was sie für die Entwicklung und Sicherung tun, wie zum Beispiel Klausurtage, an denen bestimmte Ziele und Prozesse reflektiert werden, oder auch Kindsbesprechungen, an denen auch überprüft wird, ob die Haltung der Pädaog:in entsprechend ist, oder ob etwas im Tagesablauf verändert werden könnte.

7. Evaluation und Weiterentwicklung der Konzeption

Die Inhalte der Konzeption werden regelmäßig evaluiert und weiterentwickelt. „Daten" werden gesammelt und anhand fachlich legitimierter bzw. standardisierter Maßstäbe interpretiert.

Definition

> Die Deutsche Gesellschaft für Evaluation (DeGEval) definiert den Begriff „Evaluation" folgendermaßen: eine „systemische Untersuchung des Nutzens oder Wertes eines Gegenstands" (https://www.degeval.org/degeval-standards/download/). Dabei kann zwischen Selbst- und Fremdevaluation unterschieden werden. Bei der Selbstevaluation liegt die Verantwortung für die Durchführung, Gestaltung und Auswertung bei der Einrichtung. Die Fremdevaluation übernimmt ein Außenstehender und hat die Funktion, der Einrichtung eine externe, kriteriengeleitete und vom Träger unabhängige Rückmeldung zu geben.

Warum ist Evaluation wichtig?
Es geht darum,

- herauszufinden, wie die Eigenschaften und Wirkungen von Interventionen sind,
- welche Stärken und Schwächen diese haben,
- wie effektiv die Zielerreichung ist und wie effizient.
- Mit der Evaluation werden Ziele immer wieder legitimiert (vgl. Wünsche 2018).

Die gewonnenen Erkenntnisse sind die Grundlage für die Weiterentwicklung, ganz nach der Aufforderung des kontinuierlichen Verbesserungsprozesses (KVP). Im Qualitätskreis nach Deming (siehe Abb. 17) ist der kontinuierliche Verbesserungsprozess dargestellt: Zu Beginn eines Prozesses, wie zum Beispiel einer Kinderkonferenz, findet die Planung dazu statt (plan). Wie wollen wir die Kinder beteiligen, wo soll sie stattfinden, wie werden die Inhalte visualisiert etc.? Dann geht es um die Durchführung (do). Anschließend wird reflektiert, was gut war und was nicht (check), und die Verbesserungen, die Veränderungen werden festgeschrieben (act). Der Kreislauf beginnt dann wieder mit der Planung.

Abb. 17: Qualitätsentwicklung – der Qualitätskreis nach Deming

Quelle: Eigene Darstellung (U. Glöckner)

Was kann evaluiert werden?

In der Konzeption können mehr oder weniger alle Inhalte überprüft werden:

- Stimmt der Rahmen noch oder hat sich etwas verändert?
- Ist die Konzeption noch auf dem Stand der aktuellen wissenschaftlichen Erkenntnisse?
- Sind die Erziehungsziele noch für alle zukunftsfähig und legitim?
- Wie werden die Erziehungsziele umgesetzt? Gibt es dafür Indikatoren?
- Alle Ziele aus allen Bereichen können mit der Frage nach den Indikatoren sowohl in Selbst- als auch Fremdevaluation überprüft werden.
- Die Ziele für die Kooperation mit Eltern und Familien können mithilfe eines Fragebogens evaluiert werden.

Zur Überprüfung der Inhalte gibt es verschiedene Methoden und Instrumente:

- Die Beurteilung pädagogischer Prozesse mithilfe standardisierter Verfahren (z. B. HUGS)
- Kinder- und Elternbefragungen und Auswertung der Ergebnisse
- Auswertung und Analyse aller Dokumente
- Interviews mit Leitungen und Pädaogog:innen
- Beobachtung und Videografieren der Pädagog:innen, zum Beispiel unter den Aspekten Haltung und Interaktionsqualität (z. B. GInA – Gestaltung von Interaktionsmöglichkeiten im Alltag oder auch MarteMeo)

Zentrale Instrumente für die Evaluation

1. Reflexion

Hier geht es um die regelmäßige Reflexion der Prozesse im Alltag sowie der Zusammenarbeit im Team und mit allen Partner:innen. Die Reflexion darf nicht zufällig sein, sondern ist terminiert und Teil der Jahresplanung.

Die Inhalte der Konzeption werden circa alle drei Jahre überprüft. Entsprechen die Inhalte noch den aktuellen Erkenntnissen der Wissenschaft? Handeln die Pädagog:innen so, wie es in den Zielen festgehalten ist?

Die Reflexionen werden anhand der Ziele schriftlich durchgeführt. Befragungen der Kinder, der Eltern und des Teams, also aller Beteiligten, gehören dazu.

2. Kritische Vorkommnisse

Sobald es im Tagesablauf immer wieder dieselben oder ähnliche Störungen gibt, gilt es, zu analysieren: Was ist geschehen? Wer war beteiligt? Es werden Hypothesen gebildet, warum es dazu gekommen sein könnte – in Bezug auf den Kontext, das Verhalten der Pädagog:in und/oder das Wohlbefinden des Kindes. Zu den Hypothesen werden dann mögliche Maßnahmen diskutiert, die beinhalten, was zukünftig anders gemacht werden könnte. „Wenn wir immer das Gleiche tun, kommt auch immer das Gleiche dabei heraus" ist hier ein hilfreicher Gedanke aus systemischer Sicht.

3. Checklisten

Mit diesem Instrument werden die Standards überprüft und somit die Prozessqualität. Die Checkliste bietet sich besonders für die Überprüfung organisatorischer Aufgaben an. Auf einer Checkliste werden in aller Regel Fragen gestellt, die mit „Ja" oder „Nein" beantwortet werden können.

Überprüfung des Raumes	**Ja**	**Nein**
1. Die Umgebung ist vorbereitet		
2. Die Materialien sind übersichtlich und für die Kinder gut erreichbar platziert		
3. Beschriftungen und Fotos zur Orientierung sind gleichermaßen vorhanden		
4. Alle Räume sind für die Kinder zugänglich		
5. …		
Was will ich ändern?		

Hinweis

Audits

Audits sind unabhängige und systematische Untersuchungen. **Interne Audits** können von Mitarbeitenden anderer Schulen/Horte oder Schulkindbetreuungen oder aus einer anderen Abteilung durchgeführt werden. Wichtig ist, dass die Person nicht direkt aus demselben System kommt. Der Vorteil des Audits ist die „fremde" Person, die unvoreingenommen Fragen stellt. Die Fragen, die Methoden wie auch die Vorgehensweise werden im Vorfeld festgelegt.

Das **externe Audit** führt eine Institution durch, die dafür qualifiziert ist und zum Abschluss ein Zertifikat oder Gütesiegel ausstellen darf.

4. Zielbewertungsmatrix oder Bewertungsskala

Damit wird die tatsächliche Umsetztung bewertet. Die Ziele zu einem Bereich oder auch die Erziehungsziele werden in einer Tabelle aufgelistet. Pädagog:innen, die davon betroffen sind, bewerten das Ziel zwichen -3 (völlig ungeeignet) und einer +3 (sehr wichtig).

Daneben kann noch eine Spalte eingefügt werden mit der Frage: Woran merke ich, dass …? Die Ergebnisse werden diskutiert und Maßnahmen zur Veränderung bzw. Verbesserung formuliert.

Ziele	**A aus der Sicht von A B C**	**B aus der Sicht von A B C**	**C aus der Sicht von A B C**
1. Wir beteiligen die Kinder im Alltag			
2. Die Kinder lösen im ersten Schritt ihre Konflikte alleine			
3. Wir fördern die Entscheidungen der Kinder			
4. …			

A, B, C entspricht der Bezeichnung für die beteiligten Personen.
Die Ziele können in beliebiger Reihenfolge aufgelistet werden.
Jeder Teilnehmende gibt jedem Ziel eine Bewertung von +3 bis –3.
Die Bewertung kann aus eigener Sicht und auch aus der vermuteten Sicht der anderen im Team abgegeben werden.
Die Ergebnisse können wieder in eine Tabelle übertragen werden.

+3 = sehr wichtig
+2 = wichtig
+1 = mäßig wichtig
0 = gleichgültig
–1 = nicht sehr geeignet
–2 = ungeeignet
–3 = völlig ungeeignet

Literatur

(letzter Zugriff auf alle u. g. URL: 16.1.2023)

AGJ – Arbeitsgemeinschaft für Kinder- und Jugendhilfe (2022): *Auf gute Zusammenarbeit in der Ganztagsbildung! Qualität durch Multiprofessionalität, qualifiziertes Personal und kooperationsförderliche Rahmenbedingungen.* Positionspapier der Arbeitsgemeinschaft für Kinder- und Jugendhilfe – AGJ, Berlin.

Andres, B. & Laewen, H.-J. (2011): *Das infans-Konzept der Frühpädagogik,* Weimar/Berlin.

BAG-BEK (2020): *Positionspapier der Bundesarbeitsgemeinschaft für Bildung und Erziehung in der Kindheit e.V. (BAG-BEK)/AG Kinder zwischen 6 und 12 Jahren zum Rechtsanspruch auf Bildungs- und Betreuungsangebote für Kinder im Grundschulalter.*

Bensel J.; Martinet, F. & Haug-Schnabel, G. (2016): *Raum und Ausstattung in Kindertageseinrichtungen und Kindertagespflege.* In: Viernickel S.; Fuchs-Rechlin, K.; Strehmel, P.; Preissing, C.; Bensel, J. & Haug-Schnabel, G.: *Qualität für alle,* Freiburg i. Br., S. 317–401.

Bertelsmann Stiftung (Hrsg.) (2021): *Fachkräfte-Radar für KiTa und Grundschule 2021,* Gütersloh.

Bertelsmann Stiftung: *Ländermonitor frühkindliche Bildungssysteme.* Online: Bundesländer-Daten (laendermonitor.de)

Booth,T. & Ainscow, M. (2006): *Index für Inklusion,* GEW, Frankfurt a. M.

Bundesministerium für Familie, Senioren, Frauen und Jugend (BMFSJ) (2021): *Gesetz zur ganztägigen Förderung von Kindern im Grundschulalter (Ganztagsförderungsgesetz – GaFöG).* Online: https://www.bmfsfj.de/bmfsfj/service/gesetze/gesetz-rechtsanspruch-ganztagsbetreuung-grundschulen-178966

Coelen, T. & Otto; H.-U. (2008): *Zur Grundlegung eines neuen Bildungsverständnisses.* In: Dies. (Hrsg.): *Grundbegriffe Ganztagsbildung,* Wiesbaden, S. 17–25.

Der Paritätische Bremen (Hrsg.) (2018): *„Ich will mitreden, weil ich Dinge anders sehe!" Schutz und Selbstbestimmung für Kinder in Kindertageseinrichtungen,* Bremen.

Deutsche Kinder- und Jugendstiftung (Hrsg.) (2014): *Grundschule und Hort im Dialog. Arbeitsmaterial für eine gelingende Kooperation,* Dresden.

Deutscher Verein für öffentliche und private Fürsorge (Hrsg.) (2016): *Empfehlungen des Deutschen Vereins zur Implementierung und Ausgestaltung multiprofessioneller Teams und multiprofessionellen Arbeitens in Kindertageseinrichtungen,* DV 34/14, 16.03.2016, Berlin.

Eberle, U. (2016): *Sicherstellen des Kindeswohls,* Vortrag bei der Qualifizierung in der Schulkindbetreuung, impulse akademie, Freiburg i. Br.

Enderlein, O. (2023): *Alterstypische Lebensthemen und Bedürfnisse von „Großen Kindern" und ihre Bedeutung für die Entwicklung.* In: Plehn, M. (Hrsg.): *Qualität in Ganztag, Hort und Schulkindbetreuung,* 3. erg. u. überarb. Aufl., Freiburg i. Br., S. 110–128.

Erath, P. & Amberger, C. (2000): *Das KitaManagementKonzept,* Freiburg i. Br.

Fialka, V. (2011): *Wie Sie Ihr Profil entwickeln und nach außen tragen, Leitbild und Profilentwicklung,* kindergarten heute, management kompakt, Freiburg i. Br.

Fischer, S. (2023): *Ganztagsschule in der Einwanderungsgesellschaft – Kinder mit Zuwanderungsgeschichte zwischen Risiko und Ressource.* In: Plehn, M. (Hrsg.): Qualität in Ganztag, Hort und Schulkindbetreuung, 3. erg. u. überarb. Aufl., Freiburg i. Br., S. 170–191.

Flack, L.; Wildgruber, A.; Reiche, M. & Plehn, M. (2020): *Hausaufgaben, Lern- und Übungszeiten pädagogisch gestalten,* Freiburg i. Br.

Fröhlich-Gildhoff, K.; Nentwig-Gesemann, I. & Pietsch, S. (2011): *Kompetenzorientierung in der Qualifizierung frühpädagogischer Fachkräfte. Eine Expertise der Weiterbildungsinitiative Frühpädagogischer Fachkräfte (WIFF),* Deutsches Jugendinstitut (DJI), München.

Gaiser J. M.; Kielbock, S. & Stecher, L. (2017): *Ganztagsschule und Hort als gemeinsamer Bildungsraum.* In: Neuß, N. (Hrsg.): *Hort und Ganztagsschule, Grundlagen für den pädagogischen Alltag und die Ausbildung,* Berlin, S. 45–53.

Gellert M. & Nowak, G. (2010): *Teamarbeit – Teamentwicklung – Teamberatung. Ein Praxisbuch für die Arbeit in und mit Teams,* Meezen.

Glöckner, U. (2020): *Dem Takt der Kinder folgen.* In: Entdeckungskiste Schulkindbetreuung, Nr. 1, S. 8–14.

Glöckner, U. (2021): *Kita Konzeption. Schritt für Schritt gemeinsam entwickeln,* Freiburg i. Br.

Glöckner, U. (2023): *Rolle und Aufgaben der Führungsperson.* In: Plehn, M. (Hrsg.): *Qualität in Ganztag, Hort und Schulkindbetreuung,* 3. erg. u. überarb. Aufl., Freiburg i. Br., S. 194–251.

Gutknecht, D. (2012): *Bildung in der Kinderkrippe – Wege zur Professionellen Responsivität,* Stuttgart.

Gutknecht, D. (2013): *Kleiner Wechsel, große Wirkung.* Entdeckungskiste 1/13, Freiburg i. Br.

Haendl, M. (2023): *Rechtliche Rahmenbedingungen in der Ganztagsschule – Theorie und Fragestellungen aus der Praxis.* In: Plehn, M. (Hrsg.): *Qualität in Ganztag, Hort und Schulkindbetreuung,* 3. erg. u. überarb. Aufl., Freiburg i. Br., S. 90–107.

Hattie, J. (2013): *Lernen sichtbar machen.* Überarbeitete deutschsprachige Ausgabe von Visible Learning, besorgt von W. Beywl und K. Zierer, Baltmannsweiler.

Haug-Schnabel, G. & Bensel, J. (2015): *Raumgestaltung in der Kita,* kindergarten heute, Freiburg i. Br.

Hessisches Ministerium für Soziales und Integration. Hessisches Kultusministerium (Hrsg.) (2019): *Bildung von Anfang an. Bildungs- und Erziehungsplan für Kinder von 0 bis 10 Jahren in Hessen,* 9. Aufl. 2019, Wiesbaden.

Juran, J. M. (1991): *Handbuch der Qualitätsplanung,* 3. Aufl., Landsberg/Lech.

Kahl, R.: *Archiv der Zukunft, Film: Treibhäuser der Zukunft.* Online: https://reinhardkahl.de/projekte

KMK – Kultusministerkonferenz (2015): *Ganztagsschulen in Deutschland. Bericht der Kultusministerkonferenz vom 03.12.2015.* Sekretariat der Ständigen Konferenz der Kultusminister der Länder in der Bundesrepublik Deutschland. Online: https://www.kmk.org/fileadmin/veroeffentlichungen_beschluesse/2015/2015-12-03-Ganztagsschulbericht.pdf

KMK – *Kultusministerkonferenz (2021): Allgemeinbildende Schulen in Ganztagsform in den Ländern in der Bundesrepublik Deutschland – Statistik 2016 bis 2020.* Online: https://www.kmk.org/fileadmin/Dateien/pdf/Statistik/Dokumentationen/GTS_2020 Bericht.pdf

Kohler, B. (2017): *Hausaufgaben: Überblick und Praxishilfen,* Weinheim/Basel.

Krenz, A. (1996): *Die Konzeption – Grundlage und Visitenkarte einer Kindertagesstätte,* Freiburg i. Br.

Kuhl, J.; Schwer, C. & Solzbacher, C. (2014): *Professionelle pädagogische Haltung: Versuch einer Definition des Begriffes und ausgewählte Konsequenzen für Haltung.* In: Dies. (Hrsg.): *Professionelle pädagogische Haltung. Historische, theoretische und empirische Zugänge zu einem viel strapazierten Begriff,* Bad Heilbrunn, S. 107–122.

KVJS – Kommunalverband für Jugend und Soziales Baden-Württemberg (2015): *Orientierungshilfe zur Erstellung einer pädagogischen Konzeption für Kindertageseinrichtungen.*

Maykus, S. (2011): *Kooperation als Kontinuum. Erweiterte Perspektive einer schulbezogenen Kinder- und Jugendhilfe,* Wiesbaden.

Maywald, J. (2013): *Kinderschutz in der Kita,* Freiburg i. Br.

Maywald, J. (2016): *Kinderrechte in der Kita,* Freiburg i. Br.

Ministerium für Bildung, Jugend und Sport des Landes Brandenburg (Hrsg.) (2016): *Bausteine für die Konzeption der Horte,* Berlin.

Ministerium für Kultus, Jugend und Sport Baden-Württemberg (Hrsg.) (2011): *Orientierungsplan für Bildung und Erziehung in baden-württembergischen Kindergärten und weiteren Kindertageseinrichtungen,* Freiburg i. Br.

Ministerium für Kultus, Jugend und Sport Baden-Württemberg (Hrsg.) (2019): *Qualitätsrahmen Ganztagsschule Baden-Württemberg,* Stuttgart.

Nentwig-Gesemann, I.; Fröhlich-Gildhoff, K.; Harms, H. & Richter, S. (2011): *Professionelle Haltung – Identität der Fachkraft für die Arbeit mit Kindern in den ersten drei Lebensjahren,* Deutsches Jugendinstitut (DJI), München.

Pesch, L. (1996): *Konzeptionsentwicklung und -umsetzung als gemeinsamer Prozess. In: KiTa aktuell MO 9,* Freiburg i. Br., S. 174–176.

Pesch, L. & Radisch, F. (2020): *Einen guten Ganztag auf der Grundlage eines integrierten Bildungsverständnisses schaffen!,* AWO Bundesverband, Bertelsmann Stiftung, Robert Bosch Stiftung, Stiftung Mercator, Berlin u. a.

Pfreundner, M. (2018): *Was macht ein gutes Team aus?* In: kindergarten heute, H. 2/2018, 48. Jg., S. 16–21.

Plehn, M. (2023a): *Horte und Formen der Ganztagsschule: Begriffe, Eckdaten zu Nutzung und Personal, Entwicklungen.* In: Dies. (Hrsg.): *Qualität in Ganztag, Hort und Schulkindbetreuung. Grundlagen zum Leiten, Führen, Managen,* 3. erg. u. überarb. Aufl., Freiburg i. Br., S. 16–29.

Plehn, M. (2023b): *Hort und Ganztagsschule als formale und non-formale Bildungsorte. Ein komplementäres Bildungsverständnis.* In: Dies. (Hrsg.): *Qualität in Ganztag, Hort und Schulkindbetreuung. Grundlagen zum Leiten, Führen, Managen,* 3. erg. u. überarb. Aufl., Freiburg i. Br., S. 30–53.

Plehn, M. & Appel, S. (2021): *Raumgestaltung entwickeln und pädagogisch begleiten,* Freiburg i. Br.

QUAD – Wissenschaftsgeleiteter Qualitätsdialog zum Ganztag (2021a): *Ganztag erfolgreich steuern,* Frankfurt a. M., 34 S.

QUAD – Wissenschaftsgeleiteter Qualitätsdialog zum Ganztag (2021b): *Zusammenarbeit im Ganztag stärken,* Frankfurt a. M., 34 S.

QUAD – Wissenschaftsgeleiteter Qualitätsdialog zum Ganztag (2021c): *Ein nachhaltiges Ganztagskonzept planen,* Frankfurt a. M., 36 S.

QUAD – Wissenschaftsgeleiteter Qualitätsdialog zum Ganztag (2021d): *Erfolgreiche Angebotskonzepte entwickeln,* Frankfurt a. M., 34 S.

Remsperger-Kehm, R. (2011): *Sensitive Responsivität – Zur Qualität pädagogischen Handelns im Kindergarten,* Wiesbaden.

Renner, H; Perry, B. & Plehn, M. (2022): *Kinder essen im Ganztag,* Freiburg i. Br.

Rönnau-Böse, M. & Fröhlich-Gildhoff, K. (2020): *Resilienz im Kita-Alltag. Was Kinder stark und widerstandsfähig macht,* Freiburg i. Br.

Schäfer, G. E. (Hrsg.) (2007): *Bildung beginnt mit der Geburt,* 2. erw. Aufl., Weinheim/Basel.

Schäfer, G. E. (2014): *Was ist frühkindliche Bildung? 2. Aufl., Weinheim/Basel.*

StEG – Das Konsortium der Studie zur Entwicklung von Ganztagsschulen (Hrsg.) (2016): *Ganztagschule: Ergebnisse der Studie zur Entwicklung von Ganztagschulen 2012–2015.* Frankfurt a. M. Online: https://steg.dipf.de/de/steg-2012-2015/steg-2012-2015

StEG – Das Konsortium der Studie zur Entwicklung von Ganztagesschulen (Hrsg.) (2019): *Individuelle Förderung: Potentiale der Ganztagschule,* Frankfurt a. M.

Strätz, R.; Hermens, C.; Fuchs, R.; Kleinen, K.; Nordt, G. & Wiedemann, P. (2008): *Qualität für Schulkinder in Tageseinrichtungen und offenen Ganztagsgrundschulen (QUAST).* Ein nationaler Kriterienkatalog, 2. Aufl., Berlin.

Thüringer Ministerium für Bildung, Jugend und Sport (Hrsg.) (2019): *Thüringer Bildungsplan,* Weimar.

Tietze, W.; Rossbach, H.-G.; Stendel, M. & Wellner, B. (2007): *Hort und Ganztagsangebote-Skale (HUGS). Feststellung und Unterstützung pädagogischer Qualität in Horten und außerunterrichtlichen Angeboten. Deutsche Fassung der School-Age Care Environment Rating Scale von Thelma Harms, Ellen Vineberg Jacobs, Donna Romano White, 1. Aufl.,* Berlin.

Viernickel, S. (2006): *Qualitätskriterien und -standards im Bereich der frühkindlichen Bildung und Betreuung*, Remagen.

Viernickel, S. & Fuchs-Rechlin, K. (2015): *Fachkraft-Kind-Relationen und Gruppengrößen in Kindertageseinrichtungen. Grundlagen, Analysen, Berechnungsmodell.* In: Viernickel, S.; Fuchs-Rechlin, K.; Strehmel, P.; Preissing, C.; Bensel, J. & Haug-Schnabel, G.: *Qualität für alle,* Freiburg i. Br., S. 11–130.

Viernickel, S.; Nentwig-Gesemann, I.; Nicolai, K.; Schwarz, S. & Zenker, L. (2013): Schlüssel zu guter *Bildung, Erziehung und Betreuung – Bildungsaufgaben, Zeitkontingente und strukturelle Rahmenbedingungen in Kindertageseinrichtungen*, Berlin.

Wabnitz, R. J. (2023): *Rechtliche Grundlagen für die Bildung, Betreuung und Erziehung von Kindern nach dem Kinder- und Jugendhilferecht, insbesondere Hort.* In: Plehn, M. (Hrsg.): *Qualität in Ganztag, Hort und Schulkindbetreuung*, 3. erg. u. überarb. Aufl., Freiburg i. Br., S. 74–89.

Wagner, P. (Hrsg.) (2017): *Handbuch Inklusion. Grundlagen vorurteilsbewusster Bildung und Erziehung*, Freiburg i. Br.

Walther, B.; Nentwig-Gesemann, I. & Fried, F. (2021): *Ganztag aus der Perspektive von Kindern im Grundschulalter. Eine Rekonstruktion von Qualitätsbereichen und -dimensionen,* Gütersloh.

Wapler, F. (2020). *Chancen guten Ganztags für Kinder im Grundschulalter: menschenrechtliche Perspektiven*, Bertelsmann Stiftung, Berlin.

Weltzien, D. (2016): *Interaktions- und Beziehungsgestaltung mit Kindern.* kindergarten heute, wissen kompakt, Freiburg i. Br.

Weltzien, D. (2017): *Multiprofessionelle Teams auf dem Vormarsch. Was schützt vor Beliebigkeit?* TPS (8), 8–13.

Wildgruber, A. (2020): *Hausaufgaben. Rechtliche und fachliche Fundierungen: Begriffe, Bestimmungen, Funktion.* In: Flack, L.; Wildgruber, A.; Reiche, M. & Plehn, M. (2020): *Hausaufgaben, Lern- und Übungszeiten pädagogisch gestalten,* Freiburg i. Br., S. 10–18.

Wünsche, M. (2018): *Qualitätsentwicklung in Kindertageseinrichtungen.* Kommunalverband für Jugend und Soziales, Vortrag am 28.02.2018.

Wustmann, C. (2004): *Resilienz. Widerstandsfähigkeit von Kindern in Tageseinrichtungen fördern,* Weinheim.

PRAXIS
Renner · Perry · Plehn
Kinder essen im Ganztag
Mit Arbeitshilfen zum Downloaden
HERDER

PRAXIS
Plehn · Appel
Raumgestaltung
entwickeln und pädagogisch begleiten
Mit Arbeitshilfen zum Downloaden
HERDER

PRAXIS
Flack · Wildgruber · Reiche · Plehn
Hausaufgaben
Lern- und Übungszeiten pädagogisch gestalten
Mit Arbeitshilfen zum Downloaden
HERDER